曠典闡幽錄

清·宋佑文原著　胡成點校

點校者序

壬戌回逆之變，仗義而死者，指不勝屈。自多帥入關，掃欃槍以快人心，賊始奔竄而西。前邑侯楊潤生先生彙冊詳報死事各人，已奉有恩旨：著將殉難各紳士均予蔭襲，其民人男婦一體建坊立祠，卹典何至渥也。

先是邑侯派紳士李志復等八人設局採訪，以慰幽魂。即有樂輸經費者，計得百數十金。及彙冊轉報，除紙筆、覆查川貲各項需用外，餘白金七十餘兩。邑紳又以城內舊有逆建清真寺，於同治四年六月間稟官批准，用以崇祀殉難諸人。時因餘款不敷，未及建祠。昨秋余葵階太守來守是邦，欲以提倡風教，力成此舉。適有八女井呂宜人捐貲以助之，而節義祠成。……[1]

……自壬戌花門變起，邑之完貞節，守大義，激烈殉身者，幾於指不勝屈矣。歲乙丑，會同邑紳在馮翊書院設局採訪，並派邑人士分赴各村詳悉覆查，以

---

1 劉宗實，「節義祠創始碑記」。

期無濫無遺。五越月，訪實節義紳民萬有七百餘名。分等分次，彙冊轉報。

己巳秋，余葵階觀察來守是邦，勸捐千餘金，創建祠宇。續報殉難士民千四百有奇，即以修祠。餘貲三百金，發商生息，為永遠春秋祭祀之需。

……[2]

同治元年壬戌（一八六二年），陝西回亂。西同二府首當其衝，同州府治大荔縣被災深重，殉難紳民，指不勝屈。

同治四年乙丑（一八六五年），大荔縣邑紳於馮翊書院設局採訪殉難紳民姓名事跡，遣派邑人分赴各村詳悉覆查。歷時五月，共訪得殉難紳民一萬零七百餘名。六月，邑紳稟官報準，擬於大荔縣城內舊有清真寺棄地建祠崇祀殉難紳民。然因餘款不敷，祠未及建。

同治八年己巳（一八六九年）秋，湖北監利余庚陽（葵階）署理同州知府，勸捐建祠，以祀節義。縣屬八女井殉難紳士李春三之妻呂氏，慷慨捐貲，共得千餘金，創建節義祠[3]。續報殉難紳民一千四百餘名，共計一萬一千餘名。

---

2 宋佑文，「曠典闡幽錄敘」。

3 光緒五年《大荔縣續志》，卷六，祠祀志：節義祠，在倉門左。同治八年，署知府余庚陽因回部廢

同治十三年甲戌（一八七四年）夏，又補殉難紳民二百餘名，前後共計一萬兩千餘名。一並勒名於石，三面嵌於節義祠正殿內壁。

大荔採訪局紳士、藍翎候選郎中宋佑文（學齋）[4] 彙輯採訪殉難紳民姓名事跡，成書《曠典闡幽錄》，刊行於世。

「餘貲三百金，發商生息，為永遠春秋祭祀之需。」

建坊立祠，勒名於石，亦為以垂永久。

然而永久，不過區區八十載。

一九五六年，西北大學馬長壽（松齡）教授田野調查同治陝甘回亂史事。四月十

寺改修之，以祀壬戌以來殉難紳民男婦。其經費皆出故紳李春三之妻呂氏，余有碑記其事，舉人劉宗實亦有碑記（見文徵錄）。邑紳宋佑文等刊傳節義冊（名《闡幽錄》），具詳殉難姓名事實，共四卷。

4 民國二十六年《大荔縣舊志存稿》，卷十，耆舊傳上：宋佑文，字學齋，東大村人。光緒丙子（二年，一八七六年）舉人。性孝友，生平做敬恕工夫，雖盛暑，長服端坐，披誦不輟。多忠勇公勦叛回，延之襄辦糈臺。亂定後，奏賞藍翎，就教諭班。樂善不倦，戊寅（四年）奇荒，稱貸籌麥百石，以賑鄉鄰，全活甚眾。巡撫譚，上其事於朝，獎五品銜。為大村設義塾，以普教育。荔邑回劫後，鄉里每有興利除弊各事，靡不協力贊助。故歷任府縣官，皆敬禮之，政多倚任。光緒五年，邑宰周續修縣誌，絀於力，稿成弗刊，去任。後六年，佑文主講書院，即集羣力刊板，以彰一邑文獻。晚年家居，教授生徒，循循善誘，門下多英邁純正之士。沒後，門人思其教澤，樹德碑於故里。平日勸善規過，排難解紛，獲益者實繁。沒之日，里人罷社。生平著作，皆切於世道人心，刊行者如《曠典闡幽錄》、《清源義學彙刊》等編，其他散見於邑乘各書中，彰彰可考也。

日，至大荔縣，得見節義祠：

……又同訪清真寺的八阿訇，他也是河南人，新近才從河南到大荔的。清真寺在東關，原來這條街及其附近是一回民聚居區，此寺是城內回民唯一的清真寺。但自同治年間回民起義後，回民的田產、地產以及所有的清真寺都沒收為官產。當時的統治階級和地主紳士真惡作劇，把田產、屋產拍賣於漢族農民這還算有「理」可說，而對於清真寺則或作為劊子手多隆阿的廟宇，或作為當時死亡的團練頭子和團丁的「忠義祠」則不可理解。大荔城內的清真寺，就是在同治四年改為「節義寺」的。

解放以後，我們的黨和政府根據大荔回民的要求，改「節義祠」仍為清真寺。這裡的回民雖然是從外省遷來的，不是當年大荔城回民子孫，但他們事實上需要一座清真寺，所以政府決定把寺產交歸回民，八阿訇現在已經在寺內講經禮拜了。這一措施，引起了縣內外廣大回民的熱烈擁護。

清真寺的門口，臥著一塊石碑，內容是記載同治元年大荔縣的「回亂」的，內容沒啥價值。內寺廊下又仰臥著一小碑，上刻同治四年劉宗實作的「節義祠創始碑記」，我們摩讀一番，大意是說同治四年官府改清真寺為「節義祠」，官府命紳士調查漢民男女死亡的人口，共一萬二千多人。又由地主富戶們捐款得一百幾十兩，仍然不夠，最後還是八女井與回民有世仇的大地主李姓寡婦呂氏慷慨捐銀始成此祠。最後有幾句妙文：「因以告殉難諸君曰：回安在哉？今已奪其廬而處之，已足洩此憤。他日官兵追勦時，倘有陰風颯颯，鬼兵出沒，使回賊轍亂旗靡，必節義祠之陰靈為之也，亦天道也。」這真是一片鬼話。

另外在大殿壁上三面都嵌有石碑，碑上刻舉各村男女死亡者姓名一萬二千多人，約與宋佑文所著的《闡幽錄》相同。此書在大荔尚可找到，我曾翻閱了若干段，沒啥道理。[5]

一九五〇年左右，大荔縣政府恭從外地遷入回民意旨，改節義祠仍為清真寺，以節義祠正殿為清真寺禮拜大殿。劉宗實「節義祠創始碑記」碑，仰臥於內寺廊下。從此不見春秋祭祀，從此祇見朝夕禮拜。數十載以降，節義祠實存名亡。大荔鄉氓，祇知有清真寺，而不知有節義祠。

今歲仲春，西行陝甘，尋訪同治回亂史跡。三月七日，至大荔縣。

5 馬長壽《陝西文史資料第二十六輯・同治年間陝西回民起義歷史調查記錄》，第四章，大荔縣調查記錄。

大荔縣清真寺，地在文廟後巷中段路北，寺內寺外，均為二層磚樓，臨街闢為商鋪，顯係新建。情知不妙，果然所有節義祠遺存，已經蕩然無蹤。

四處究問，據大荔縣文物局某言：二〇〇八年，第三次全國文物普查，文廟後巷即有數宅清時民居造冊。普查至清真寺，卻遭寺方無端阻撓。民族宗教問題，已成當世大忌。工作人員不敢造次，畏阿訇如虎狼，喏喏而退。清真寺內殘存節義祠木構正殿及石刻碑碣均未得以普查造冊，錯失最後拯救時機。

二〇一〇年，大荔縣清真寺擴建。節義祠文物皆遭滅毀。據大荔縣清真寺某阿訇言：棄正殿勒名之石於地，有回民老者恣意踐踏，口稱當初你改造我寺，如今我踐踏你先人於足下。凌辱之後，搗毀殆盡。

大荔縣一萬兩千餘名殉難紳民，死去兩次。

一死於同治，二死於今世。

為紀念大荔縣節義祠，為紀念大荔縣一萬兩千餘名殉難紳民——為他們不至再次死去——發願再版《曠典闡幽錄》。勒名之石無可拯救，勒名之書或可拯救。

六十年前，「此書在大荔尚可找到」。六十年後，此書在大荔遍尋無著。文物局、檔案館、圖書館、縣誌辦以及古董市場，遑論收藏，聞且未聞。再至渭南，亦無所獲。

蒙不願湮沒無聞之陰靈庇佑，許多波折，僥倖終於西安訪得《曠典闡幽錄》，一函四冊，全本無闕。

此書為光緒初年刻本，軟體楷書，竹紙，白口，黑單魚尾，四周單邊。四卷，卷二分上中下三部。卷一及卷二上裝訂為冊一，卷二中裝訂為冊二，卷二後裝訂為冊三，卷三及卷四裝訂為冊四。

卷一與卷二，彙輯殉難男子，計一萬零五百零五名。

卷三與卷四，彙輯殉難女子，計兩千零一十九名。

總計彙輯大荔縣殉難紳民，一萬兩千五百二十四名。

歷時半載，鈔錄標點，校勘補釋，誠惶誠恐。

並補余庚陽「創修節義祠碑記」與劉宗實「節義祠創始碑記」二碑記於前，作為「關隴・同治陝甘回亂歷史拯救計劃」（「關隴計劃」）第一種，集貲眾籌，付梓重刊。

> 核無疑誤者，略注於簡端，漏未聲明者，暫闕以待補，則奇特節義，亦不至於湮沒矣。[6]

---

6 宋佑文，「曠典闡幽錄敘」。

「核無疑誤者，略注於簡端」。全書腳注殉難紳民事跡，除註明來源者，均為此「注於簡端」之原本眉批。

「漏未聲明者，暫闕以待補」。除此之外，書版尚有墨釘二十六處，或為姓名未詳者，亦暫闕以待補。

惜乎，其後再未有補闕版本。湮沒者，即恆久湮沒矣。

全書謹遵原本，未作一字刪減。

是為序。

胡成

二〇一七年九月二十四日 北京

創修節義祠碑記[1]

署理同州府事監利 余庚陽[2]

我皇上聖武天挺，義征不憓，掃清逋殘，又復褒獎節義。自軍興以來，所有男婦之殉難者，一經入奏，罔不立降綸音，予以旌卹，並令建坊立祠，恩至渥，典至重也。秦中自花門變起，同州男婦率多抗節不屈，致被戕害，而節義祠則未有立者。前此大荔紳耆，以回民禮拜寺，稟官批准，就此修祠。嗣因經費不足，未果。

1 載於《大荔縣舊志存稿·足徵錄》，卷二，文徵。

2 光緒七年《同州府續志》，卷十，良吏傳：余庚陽，字葵階，湖北監利人。道光戊戌（十八年，一八三八年）進士。由三原擢乾州。廉明正直，有守有為，循聲卓著。同治八年，由攝韓城縣蒞郡。裁各屬陋規，自奉儉約，眷屬寥寥數人。嘗以節省餘貲，捐修文廟門窗丹雘及先師賢儒牌位，葺治鄭愍節公祠，重豎孝子朱壽昌碑。九年春，董子原回賊自澄北南竄，突近郡城。庚陽整飭練勇，出城防禦。官兵且躡跡追勦，賊認勇為兵，乃遠遁。後謝病將去，百姓皆攀轅臥轍，並赴省乞留。上憲以格於例，不許。其治韓，值大兵過境，庚陽設支發局，飭營兵各持籤取柴麵，無敢嘩。回匪由宜洛爭大嶺，庚陽飭邑民於西路要害處分團協守。葛袍草笠，宿城上數月，邑保安帖。韓人至今德之。

予履任後，接見紳耆，言及此事。維時候選同知李君春源，稱有呂宜人者，係其已故出嗣胞兄，候選同知春三君之妻，聞此工未興，願捐家資為之。用是鳩工庀材，土木俱興。經始於同治八年十二月，至九年三月，厥工告竣。又以春秋享祀，不可無資，復捐銀兩，發典生息，以備支用，而義舉乃底於全。

予惟表揚節義，實關世道人心。呂宜人青年矢志，節凜冰霜，仍念殉難男婦，思有以妥其幽靈，建此祠宇，並隆享祀。其淑性之好義，實有由於貞心之興感者。昔海州劉媛，以家財免下戶之賦，並散施貧民，誠為義舉。惟其以麻青錢助修佛道觀宇，則未免尚狃於異端布施之說。茲呂宜人修此祠宇，實有裨風教，關乎世道人心之大。其徽美顯章，殆過劉媛。將來朝廷區明風烈，聿昭彤管，實可為呂宜人卜之矣。

是役也，舉人王君永年、例貢李應爾為之總理。其監工而採訪者，則藍翎候選郎中宋君佑文、候選同知馬君沛登，暨舉人成君錦章、廩生王生寶卿也。

是為記。

節義祠創始碑記[1]

劉宗實[2]

壬戌回逆之變，仗義而死者，指不勝屈。自多帥入關，掃欃槍以快人心，賊始奔竄而西。前邑侯楊潤生先生彙冊詳報死事各人，已奉有恩旨：「著將殉難各紳士均予蔭襲，其民人男婦一體建坊立祠」，卹典何至渥也。

先是邑侯派紳士李志復等八人設局採訪，以慰幽魂。即有樂輸經費者，計得百數十金。及彙冊轉報，除紙筆、覆查川貲各項需用外，餘白金七十餘兩。邑紳又以城內舊有逆建清真寺，於同治四年六月間稟官批准，用以崇祀殉難諸人。時因餘款不敷，未及建祠。昨秋余葵階太守來守是邦，欲以提倡風教，力成此舉。適有八女井呂宜人捐貲以助之，而節義祠成。太守有碑以紀其事，茲不贅，惟始基不可不追敘如右也。

---

1 載於《大荔縣續志・足徵錄》，卷二，文徵。

2 劉宗實，舉人。其餘生平無考。

因以告殉難諸君曰：回安在哉？今已奪其室廬而處之，已足少洩其憤矣。他日官兵進勦時，倘有陰風颯颯，鬼兵出沒，使回賊轍亂旗靡，必節義祠之陰靈為之也。亦天道也。

八人者，除太守碑中所誌監工採訪舉人成錦章、宋佑文、候選同知馬沛登、貢生王寶卿外，又有盩厔訓導李志復、舉人陳鳳靈、廩生李鈺、生員李向桂焉。

是為記。

敘[1]

大荔，古馮翊地，為漢上輔。隆崛崔峷者，屏蓮嶽而枕虹嶺也；轉騰瀲冽者，帶渭洛而襟黃河也。峙流鍾毓，英勁成風，士尚節廉，人知禮義。自壬戌花門變起，邑之完貞節，守大義，激烈殉身者，幾於指不勝屈矣。

歲乙丑，會同邑紳在馮翊書院設局採訪，並派邑人士分赴各村，詳悉覆查，以期無濫無遺。五越月，訪實節義紳民萬有七百餘名。分等分次，彙冊轉報。

己巳秋，余葵階觀察來守是邦，勸捐千餘金，創建祠宇，續報殉難士民千四百有奇，即以修祠。餘貲三百金，發商生息，為永遠春秋祭祀之需。

今夏又補報節義二百餘人，共計殉難紳民男婦萬二千餘名口，先後恭荷綸音，分別卹贈，一體建坊立祠，勒名於石，以垂永久，仰見聖天子特恩闡幽，典至曠也。僉曰：「是不可以不傳。」爰照奉旨入祠各節義，摘錄姓名，彙輯四卷，付諸攻木之工，以誌皇仁而礪風俗。

1 亦載於《大荔縣續志・足徵錄》，卷二，文徵。與此微有數字相異。

其集團打仗，力竭捐軀，巷戰陣亡，被執弗屈，守節不辱，罵賊受害，忿激自盡者，總局章程如是，非此弗錄，故不復分類詳注，期從省且懼複也。惟全家殉難，勇烈異常，或因孝友殺身，或能從容就義，或耄年而敵愾，或急智以全貞，核無疑悞者，略注於簡端，漏未聲明者，暫闕以待補，則奇特節義，亦不至於湮沒矣。

噫！節堅金石，義凜冰霜，俎豆馨香，千秋罔替。後之覽者，尚其聞風興起，崇氣節，勵名義，如呂新吾所云：「生不為贅疣之物，死不為浮蕩之鬼」，庶不辜此旌卹彙刊之意也。

夫是舉也，校對者：候選同知馬沛登、浙江即用知縣陳鳳靈、盩厔縣訓導李志復、六品頂戴舉人李向桂、舉人王永年、恩貢生王寶卿、歲貢生李鈺、例貢生李應關、生員成錦堂、李慶生也。例得備書。

同治歲次閼逢閹茂[2]秋仲，藍翎候選郎中宋佑文敘。

2 閼逢閹茂，甲戌（同治十三年，一八七四年）。

目次

點校者序 003
創修節義祠碑記／余庚陽 011
節義祠創始碑記／劉宗實 013
敘 015

曠典闡幽錄

卷一 020
卷二前 039
卷二中 086
卷二後 160
卷三 208
卷四 212

曠典闡幽錄

兵馬司指揮

八女井

李賢福[1]

福建鎮標游擊

三里村

李逢庚[2]

五品銜候選知縣

望岳里

---

1 李賢福，與弟慧福均因救父被執，不屈受害。

2 李逢庚，奉府縣諭帶團防勦，屢獲勝仗，眾寡不敵，陣亡。

張逢午[3]

六品頂戴

大村

張汝和　李步庠

三里村

李逢旺

州同銜

大安里

錢寶善

候選府經歷

八女井

---

3 張逢午，奉府諭勸捐守城，收支軍糧，備極辛苦，積勞捐軀。

李慧福

候選縣丞

馬坊里

張　鎧　張獻三

廣東候補典史

荔邑

呂步萊

從九品銜

大安里

張學信

荔邑

張秋琬[4]　李廷茂　張瑞廷　吳永廉　左長林

[4] 張秋琬，聞警，衣冠北拜，執戈禦賊，肆口大罵，被賊刺喉割舌死。

張星現　王泰兆

舉人

太吉里

康　楷

望仙里

夏　時[5]

議敘舉人

八女井

李平福

副貢生

晏村里

---

5 夏時，由郃陽募勇，帶援各村，屢獲勝仗，力竭陣亡。

崔焯

歲貢生

車澐

羌白里

廩貢生

董文焯

招賢里

例貢生

高陽里

盧學灝

太安里

張學寬

荔邑

張樹勳

府學廪生

馮村

董森樹

廪生

溢渡村

白懷瑾

卿避村

雷遇道

劉官營

陳福堂

華州學廪生

荔邑 大村

朱映彩[6]

增生

平王村

解經

七里村

劉遇庚

府學生員

大村

趙正嶽

泰山渡

崇鴻鼎

6 朱映彩，以身列膠庠，義同守土，全家十口，均因不屈受害。

生員

城南村

張清化[7]　張鳳翔

漢村

石漣[8]　馬思[9]　胡佐清　石潤　姚景廉

姚撫辰

大村

李禯艷　朱步雲

孛合村

張愷元　王燦　王用霖

溢渡村

白耀垣

7 張清化，與子鳳翔慷慨仗義，各具衣冠，齊聲罵賊，一家九口，同膺鋒刃。

8 石漣，磤斃數賊，力竭陣亡。

9 馬思，以孝聞，賊逼令降，該生辱罵受害。鍾學使給「天壤正氣」匾額旌之。

楊村

藺希如　尚文煥　張一琴

小坡底

馬來西[10]　董　葵　張　銘　董青簡

大壕村

武維新[11]　党思義

廝羅寨

党風清

黃家莊

王德明　王俊奇

梁家莊

梁逢泰

瑤頭村

王開泰

---

10 馬來西，集團打仗，手刃二賊，力竭被執，賊欲降之，兄弟四人，齊聲罵賊，同時受害。

11 武維新，打仗被執，賊迫之降，該生大罵被斫，且斫且罵，氣微乃止。

戶軍村

張　魁

羌白里

車應遴

寺前村

李　筠　雷望義[12]　李　箴

趙家灣

趙志詢

明水村

張舒翼

觀音渡

劉　純

晏安村

王　儁

12 雷望義，係孛合村人。

袁家營

劉聯甲

太興村

暢于支

蒙家莊

董世勳

官子池

帖換鵝

高遷村

溫逢泰　楊淋洲

卿避村

雷景唐　張炳羽　何天申

聖山堡

翟文元

坊舍鎮

賀希真　亢登瀛

党川村

王興德

蘇村

劉士醇

西渠頭

楊炳南　楊建寅

洪善村

馬道亨

七里村

文炳華　張福申　呂登魁　劉鍾奇

仁莊

張　梵

新莊寨

王咸五

党客村

馮廷贊[13] 馮安國

老君寨

張澄源

北至村

何天衢

八女井

郄廷獻 馬成功[14]

龍華村

趙興德

南莊村

史尚誥

王馬村

朱衣點 朱士清

13 馮廷贊，禦賊身受重傷，痛兄泉山、安國，並子姪四人俱陣亡，憤極曰：「定當啖賊之肉！」言未已，仆地氣絕。姪振遠率其弟姪等俱力戰陣亡，其婦女忿激自盡者四人。

14 《大荔縣續志》，卷十一，耆舊傳下，節義新編：諸生馬成功，八女井人。回賊潛至其村，猝不及備，罵賊死。賊火其室，並投其幼子於烈燄中。

丁家灣

徐濬

程家莊

何偉

潘驛鎮

趙萬清[15]

馮翊里

景星

荔邑

趙連城　張懷珠　霍品三　汪熙　姚文煥

劉官營

陳瑞珍　張國珍

馬坊渡

馬友龍　張星熒

---

15 趙萬清，出粟練團防堵。賊焚該處，立促其妻張氏、子媳王氏赴火死，其女瑪瑙入水缸未死，以鐵釵刺其腹，死焉。該生逃至城，忿激嘔血死。

七里村

文本貞

迪華州學生員

荔邑呂曲村

路坦蕩

武生

周家營

杜新吉[16] 周武清

大村

朱兆點

八女井

李其靖

16 杜新吉，集團打仗，箭斃數賊，力竭陣亡。

七里村

王凌漢[17]　王復來

船舍鎮

石彥魁　李品桂

八岔口

胡振江　胡攀桂

谷多村

王夢熊

雁喬村

溫彥清　張武烈

段家寨

張飛熊

馬坊渡

馬龍光　李殿魁

---

[17] 王凌漢，帶領郡城練勇打仗，力竭陣亡。

阿壽村

王萬年

老君寨

張鳳樓

呂曲村

王登榜

賈家莊

雷子震　雷驚百

白猴屯

梁逢春

三里村

李逢會　李凌岳

荔邑

扈占鼇　劉錫榮　馮振遠　張映極　劉武烈

呂衍慶

監生

劉官營

李開新

大村

潘文典　張作楹

寺前村

李玉堂

党客村

馮泉山

荔邑

趙金簠[18]　張履恆　劉　樸　錢樹棠

平原坊

張熙朝

[18] 趙金簠，年七十九歲，巷戰射斃數賊，矢盡陣亡。

奉祀生

平原坊

馬郁芳[19]

高原村

馬炳文

興平村

拜志道

鄉飲耆賓

石曹村

成宗純

以上殉難紳士，先後恭奉恩旨，分別䘏贈，一體建坊立祠，並准各該家屬自建專祠。

19 馬郁芳，一家十五口，同聲罵賊，全家受害。馬郁蘭妻蘭氏忿罵尤烈，遭碎屍之慘。馬郁芳時因求援出外，越月餘亦殉難於雙泉鎮。

城內

李元兒　馬常兒　馬士銀　王春生　鄭慶兒
張　清　楊安興　郗文士　郗嘉祥　王　森
王　銘　吳定太　劉金子　郗文家　王繼貞
李永和

東關 西關

趙有智　徐養正　盧進貞

靈頭村

席才棟　王德有　孫加兒　楊自得　王振家
楊跟問　席才忠　王春慶　席才孝　王崇喜
楊跟全　王世成　席三元　王德還　劉漢邦

王夏兒　劉願兒　王永智　劉孚兒　王化有
席有名　韓跟成　馬自顯　王福還　王化成

草橋店

馬自興　馬自曲　馬自慶　馬清鼇　馬耀林
馬清升　馬保太　魏日法　魏日盛　魏育蛟
魏萬青　魏日善　魏日興　石文志　石文貴
石隨兒　周文成　周文有　周文俊　趙雙成
屈廣福　齊跟年　馬丙寅　劉保兒　劉願兒
魏莊兒

孛合村

王　見　雷明興　高炳南　王鶴齡　王崇錫
張廷槐　雷全剛　張來泰　張新旭　張新明
張永興　張春元　張泰元　張文彩　張唐紀
王廷祿　王鎖兒　張德鄰　張建業　張新發

高連甲　王太喜　高攀盛　高希寬　高興爽
高興遠　王　安　高羊兒　高會成　高學魁
高祿兒　高己兒　張成喜　高春榮　高福成
雷明昭　盧甲貴　楊　安　楊進財　張孟禧
楊永朝　張德昌　張孔吉　張連成　張庚戌
張五保　張庚兒　張春興　張懷玉　張懷德
張伯林　張三元　張方桂　張問舉　張汝積
張長兒　高福旺　張金魁　高映斗　高姜太
高攀有　王根喜　雷明仁　王　玠　王德脩
王懷秀　王懷直　王仕廣　王世凝　王廷魁
高萬喜　高興法　張義春　張紀元　高光被

潘家莊

潘振龍　潘明盛　段根元　杜新成　党廷蘭
潘　德　党瑞兒　党丙寅　潘鳴慶　潘鳴岐
潘才兒　潘鳴煥　潘丙丁　潘酉兒　潘福林

[redacted]

潘　芝　潘魁兒　潘　恩

八里舖

向武兒　向繡春　陳金倉　陳七兒　陳林兒
高自禮　張一九　向蘇州　高萬豐　陳金府
向和春

長安屯

王萬林　周大倫　李秉誠　袁成己　任邦棟
楊永收　楊妙海　劉鳳鼇　高星曜　王　心
張春樹　王錫德　孫振義[20]　劉　慎　袁廷璋
袁戌紀

平原坊

袁學積　郭振川　郭積財
陳要孚　陳正孚　劉三成　劉五官　劉活立

---

20 孫振義，因救母被執，不屈受害。

陳伏林　陳鳳俊　陳鳳照　陳應科　陳大林
陳甲申　陳祿兒　陳祿慶　陳鳳林　袁雙全
傅開選　王慶來　王佛官　左料兒　王　智
左進來　袁河南　雷天魁　王辛亥　雷順兒
馬沛成　馬沛揚　馬沛竹　劉萬選　袁學恭
陳鳳儀　陳大力　陳振漢　陳文緒　陳順宗
陳項宗　馬新陞　李跟成　郭鳳穆　袁佐盛
袁玉成　袁榮兒　郭懷瑞　郭炳泰[21]　郭足泰
郭萬鎰　郭會兒　郭小會　郭振清　郭金榜[22]
郭登榜　陳增成　陳長興　陳恭兒　雷信成
陳長升　張永安　張星煥　陳連陞　陳連捷
郭萬盛　郭乾盛[23]　郭永盛　劉章武　王增傑
王　瀛　王　華　左長泰　左永成　左根印

21 郭炳泰，與弟足泰均因護父懷瑞，父子同時受害。
22 郭金榜，與弟登榜均因護其父振清，父子均受害。
23 郭乾盛，因護兄萬盛，兄弟俱被執，不屈受害。

左長智　左長輝　劉苟娃　陳甲科　陳長元
陳應德　陳四己　陳定兒　傅恩兒　黃跟太
黃明太　李太兒　李華亭　完保元　李樓兒
王靈喜　張戊成　完好杰　張長貴　張京照
黃振清　黃振兒　馬福海　雷散兒　雷金元
雷修娃　王六兒　張得元　張應瑞　張同瑞
張鍾瑞　張年瑞　張熙績　張景泰　張嘉子
張秀明　張春明　張祥林　張榜兒　張福年
張春兒　張乃梧　張乃桐　張連三　張開元
張槐堂　郝三會　張步月　張步全　李萬順
張風元　張才元　張春印　張明彥　劉睡兒
完好貴　李安兒　馬春喜　馬來苟　張福德
張京科　張金鎖　張振發　張諸兒　張書琯
張銀鎖　張林元　張羊兒　張年兒　張麟祉
馬全倉　馬遇春　馬牛兒　馬同喜　馬隨成

郭繼謀　郭新登[24]　郭庚申　郭崇輝　郭丕承
郭杭兒　郭金伏　郭雙喜　蘇玉印　雷天德
陳金道　陳丙午　陳定元　傅辛酉　傅立志
馬郁菁　郭慶林　郭彥順　劉新定　左振保
左進瑜　雷隨成　雷錫成　雷子金　傅俱成
傅三成　郭慶林　陳應庚　劉彥魁　王大新
韓可兒　張遷元　傅開舉　陳大年

西坊村

郭維福　郭雲寬　田學蔚　田玉慶　王天佑
田學椿　郭景純　郭元生　張鶴齡　張平安
田庭泰　田桂芝　田泰元　田朝豐　郝朝棟
王錫寵　王錫海　王夢全　趙鳳桐　趙跟寶
趙居敬　趙毓秀　趙有兒

24 郭新登，因護母受害。

晁邑坊

楊鵬輝　楊五一　楊一心　蘭清貴　蘭恩元
張清新　張成之　蘭學詩　蘭學昭　蘭舉兒
蘭應吉　蘭生彩　李春祥　李占兒　楊成輝
党同元　党魁元　王來兒　陳科兒　祁六來
朱生彩　王懋修　喬福林　楊跟保　趙苟新
楊光美　朱開元　李秀實　蘭學銘　蘭永蔚
蘭永智　蘭永玉　馬　見　張　斌　張　銘
張炳文　馬永益　張清心　張清吉　蘭成瑞
蘭成章　蘭成樸　蘭成蕚　蘭成才　李秀珍
王清桂　王來兒　趙振興　朱縷樓　張跟盛
劉振三　劉官三　劉義三　李迎來

西顧賢

吳鐵兒　吳富兒　李酉榮　李文明　吳克明

吳萬明 吳金有 吳正瑞 吳寶元 吳凝太
吳凌雲 吳萬林 吳萬長 吳連寄 吳吉瑞
吳家瑞 吳　邦 吳合太 吳伯兒 吳定朝
馬新榮 馬新泰 吳長泰

袁官家營

李庚寅 李甲寅 李金祥 李美舉 李天仁
李有為 李有緒 李有朋 李有直 李有隆
李有蘭 李居元 李春祥 李春平 李居仁
李興年 劉志興 劉君普 張永發 張進才
張更寅 張玉鎖 張天元 張會居 張祿兒
張喜兒 劉新年 劉七會 劉根喜 劉德寅
袁丙成 袁玉耀 袁丙發 袁玉慶 袁伏兒
袁樓兒 袁斗兒 張煥林 張瑞堂 張瑞麟
袁苗之 袁自喜 袁善高 袁　和 李思堯
李居彥 李鳳鳴 李居長 李居信 李興陽

李元兒　袁牢兒　袁玉堂　李居錫　劉增謀
袁復長

劉官營

薛建章　薛福德　劉元亨　劉丙泰　薛桂長
薛桂芬　馮履旺　李廷用　李福生　張天敘
薛萬輝　李　恭　劉元京　劉元春　時全生[25]
陳桂檀　陳桂發　陳桂孝　陳大年　薛福元
薛萬興　薛廷蘭　薛新發　劉　平　馮履義
李錫瑞　張元明　張福祿　張福林　劉官蘭
張元錫　陳加新　陳加福　陳桂林　陳桂雲
張元龍　張天德　張天中　張天賜　薛萬邦
薛京駟　薛京馬　薛必慶　薛金兒　薛應祥
薛成祥　薛兆祥　時元魁　時丑生　李鳳翔

25 時全生，刺殺數賊，賊恨極，椎爛其首。

薛自成 薛自發 李新慶 李定慶 李景福
劉元利 劉丙坤 陳桂泰 陳桂中 張多貴
張科舉 馮正儒 馮履道 馮金生 馮印生
馮五喜 張如意 蕭順清 蕭克勤 薛祥瑞
李　義[26] 薛加鎖 薛萬幾 薛茂盛 薛萬連
薛京俊 薛京象 薛成敖 薛常瑞 李　坤
李　信 薛萬玉 李　玉 李有慶 李　奇
李鳳來 李合璧 時福生 薛建邦 薛會兒
劉　選 劉寶連 劉興元 邱義友 薛彥南
劉丙寅 劉元貞 劉福彥 劉來彥 薛春元
劉根元 蕭東喜 薛紹曾 陳瑞玉 劉瑞元

高張營

吳雙慶

---

26 狪逆叛時，李義命其胞姪監生李開新捐貲集團。及村陷團潰，率其姪若孫等奮力轉戰，先後捐軀，其家婦女罵賊受害者八人。

扈家村

扈芝秀 扈得芝 扈太亨 扈立孝 扈麟趾
扈吉慶 扈辛卯 扈根來 扈開泰 扈迎祥
扈新昆[27] 扈得蘭[28] 扈先立 扈上林 扈逢兒
扈才立 扈巍立 扈振恆 扈振基 扈太兒
扈得祿 扈得濟 扈天賜 扈呈瑞 扈廷瑞
扈北元 扈靜立 扈得法 扈榜兒 扈榜成
扈東兒 扈太元 扈有賓 扈林兒 扈金祿
扈銀祿 扈辛酉 扈五瑞 扈丁未 扈祿兒
扈保元 扈春來 扈太康 扈福得 扈六吉
扈景福 扈祥兒 扈春秋 扈庚兒 扈兔兒
扈世林 扈元兒 扈立旺 扈榮兒 扈慶來
扈文才 扈伏生 扈福寶 扈太通 扈慶兒

27 扈新昆，痛父死，罵賊受害。
28 扈得蘭，因尋母受害。

扈來成 扈新興 扈一心 扈林年 李中秋 扈福立 扈璧立 扈三宿

扈廷和 扈來明 扈永春 扈己兒 高運兒 扈晉三 扈雙盛 扈清祿

扈鳳鳴 扈丑明 扈種兒 扈新成 雷思發 扈党成 扈廷蘭 扈立誠

扈月桂 扈黑兒 扈竹立 趙永壽 雷五常 扈永福 扈裕芳 扈來元

扈廷楹 扈國鎖 扈湖兒 趙蘭堂 雷思威 楊廷章 扈學銘

北石曹

李春泰 蕭鳴漢 薛金福 貟君長 貟君禮 成金玉

李雙泰 蕭育賢 薛金朝 張宗合 貟林提 李寶全

李長泰 蕭鳳珍 蕭九合 貟景春 成宗洛 李生才

李奇郎 蕭鳳苞 薛運周 雷天益 李生雲 李法奎

蕭鳳飛 蕭新定 薛長堃 薛尚凝 成士傑 李緒泰

李永凝　李育道　李戍泰　李三泰　李慶來
蕭金車　薛長升　薛建澤　成士興　員克讓
傅丑兒　党君錫　党君倉　傅振江　李福恆
李福義　李景森　袁訓規[29]　薛長福　朱長春
李身兒　雷春有　肖來森　肖森貴　肖金遇
傅振家　傅元魁　傅登桂　李生涵　李隆太
薛廷懷　薛廷春　李世傑　李生泰　李清和
李相兒　傅得祿　傅福禮　成　琇　李生懷

石曹屯

邊振魁　邊長泰　康逢春　康乃年　康三喜
劉黃牛　楊根定　張明耀　康寶清　邊慶元
康乃豐　康永固　徐天保　徐天佑　徐鎖成
徐福兒　吳景太　吳景連　吳大慶　張正本

29 袁訓規，因救母遇害。

包兆瀛 包先貴 包登運 包玉忠 包黑娃
康乃福 康乃祿 康永仁 康永信 康兆熊
康雙喜 康百鎖 康永嘉 康八錢 葉廷玉
胡金定 邊振凝 邊振均 王大魁 王大興
王大協 邊鴻昌 徐天壽 包丙炎 包兆祥
包兆榮 康合兒

夏家莊

馬象離 夏　易 夏金鼎 夏永福 夏永壽
夏玉印 雷大杭 李　仁 李　義 李　智
李　信

太山渡

常大僚 常財旺 常吉兒 崇中權 常登雲
常保合 崇萬金 崇丙寅 崇新兒 崇和兒
崇盛兒 崇五升 崇德祥 崇葱林 崇三定

崇要兒 崇德問 崇清林 崇天寶 崇天立
崇萬明 崇天豐 劉　元 劉三娃 崇根兒
崇耳兒 崇黑子 崇天來 崇黑徒 崇金斗
張義興 崇兔兒 常振清

埝頭村

劉永周 劉學典 劉永茂 劉君善 劉福清
劉廷蘭 劉廷麒 劉振福 劉振榮 王丕章
劉振楷 劉安迎 李行娃 劉根郎 劉太兒
李廷福 張桂林 李　金 劉　成 李重陽
孫致魁 孫點魁 李天成 張景泰 李長春
張登貴 張自得 張鐘兒 張登魁 張遇林
李九林 劉廷貴

小王村

趙玉安

下寨村

王夢炤 王庚寅 王庚午 王庚虎 李福兒

大興村寨

高夢科

暢懷玉 向士定 向中太 向聚瑞 向振英

高夢麟 高懷清 高祥兒 高積金 高有兒

王　洞 暢學義 暢福兒 張福義 張正義

郟義才 郟全合 郟良金 暢百興 暢福成

暢興旺 暢頭伏 暢百林 暢管倉 向芒喜

張家莊

張育兒 雷金滿 屈元兒 屈芒兒 屈興兒

念金榜 辛跟定 淡春成 念貴兒 淡　塽

[redacted] 郭一慶 屈廷兒 屈金喜 屈天德

雷芒兒 張積善 屈金讓 劉自敏 高別娃

文海　文江　趙希賢　淡大煒　文謙旺
文謙光　文經來　淡大燮　李柏昌　淡金源
文謙祿　張卑邇　文經兒　辛仲儒　辛賜壽
辛永成　辛福泰　辛福智　辛別兒　辛永

九龍村

王秋喜　王娃兒　李春發　李星耀　李思林
王棟　王來　王寶　李開元　李三房
宋敦兒　宋桂生　王金子　宋東兒　李氣兒
李思義　王遇道　王扶兒　李思壽　李含章
王星煥　王邦佐　王天泰　王天益　李思友
李思來　李思旺　李鎖兒　李思學　李疢兒
王邦華　李懷智　李芝門　王蘭威　李全福
李錫德　李焦福　李錫誠　王均正　王邦柱
李金福　李邦兒　李佑　李錫法　李含福
宋乾元　宋才

福村

趙石還　趙僚兒　王大平　趙學兒　王蓋兒
王春祥　王四成　王春成　王根兒　王拴勞
王爾朝　王大增　王正民　王居恆　王居成
王居奇　王三成　王更兒　王瑙兒　王纏住

李村

田玉生　田賴兒　田秉乾　田九穗　田有兒
田開山　田西京　員黃兒　員云云　員猷兒
員元兒　員新四　楊三合　田秉燭　田熱鬧
田茲強　田福祿　田　年　田秉杰　員九分
員金貴　宋遂陽　田　明　田福成　田登仁
田云英　田秉森　田秉義　田樂成　田　積
田大智　田凍山　田登財　田海孝　田悅斗
田登順　田小陶　田正胡　田登兒　田福林

田喜歡　田開順　田開疆　田開禮　田苟盛
王統文　貟夢來　貟貴兒　貟丙全　貟正吉
貟成財　貟居銀　貟錢兒　貟保兒　貟秋全
貟儀春　貟振豐　貟儀忠　貟五元　貟儀孝
貟建章　貟小子　貟文炳　貟正花　郟金儺
田西兒　楊　堰　王景占

槐園村

李門兒　郭秉義　李保兒　劉大榜　鄭宗鄰
鄭　福　李廷貴　杜方成　李思敬　李學質
李見三　李再三　李忠三　李妥平　李春兒
李　恩　李秀虎　李繹宗

觀音渡

董同福　董福中　董　炘　董敬雲　董積光
董五金　董新喜　董斗喜　董跟斗　董文廣

董文興　董文義　董秋兒　董牌兒　董利亨
董竹榮　董中兒　劉丁兒　劉三喜　劉小海
劉四兒　劉改子　劉相子　董斗兒　董四喜
董懷琳　李春來

下廟渡

楊戊寅　党均禮　包世法　包忠海　王振興
王魁兒　王正來　王昇兒　党　校　楊福盛
楊如意　楊全喜　楊必成　黃支金　王宏元
王宏太　張鳳起　張萬英　黃三會　張永財
張積財　張　平　張鳳蒼　張學義　王一海
王七兒　王來兒　王六子　王長命　王根子
包世中　王中元　雷福貴　雷希聲　雷隨兒
楊蒼兒　楊際春　楊　寶　楊潤寶　葛旺子
徐長兒　楊坤元　雷福祿　雷祿元　雷慶兒
徐毛芝　楊鎖兒　楊來寶　王連甲　王繼合

王金合　王來合　楊大壽　楊合兒　楊跟兆
楊生本　党　榮　楊時來　楊德全　楊大學
楊秀本　楊問三　楊喜子　楊玉來　楊喜來
楊登兒　楊日喜　楊明福　楊庚兒　楊京兒
楊長順　楊黑子　楊福保　張庚寅　張福寅
張五元　張三元　楊興仁　楊來朝　楊興成
楊清兒　楊清虎　王宏福　王長德　王長定
李雲升　李順兒　張元兒　張德元　張安兒
張鳳升　張兩喜　張宏兒　張祿兒　李殿春
李丁午　李丁巳　王廷昌　王廷吉　張　蘭
張支兒　張君花　張清煥　張鋼齡　張丁戊
張丁柱　張君倉　張君庫　張萬春　張江兒
張學海　王牛兒　張根營　張定兒　王興子
王祥兒　王正時　王喜來　王元兒　王根子
王佛道　王振興　王正來　王升兒　王魁兒

王殿林　王煥朝　楊悶兒　楊金滿

王殿興　楊來寶　王金兒　李春來

王來兒　楊丙來　王一榮　張學禮

王夢太　楊德兒　雷福有

王一成　楊慶年　雷金海

西改村

游福林　游芝榜　陳惠元　游居財　張化鵬　游萬興　游自春　陳來明　陳　亮　游元令

張大本　游金春　游自孝　游居興　游培江　游金貴　陳　擇　陳根良　楊天永　陳永祥

游培海　游禮兒　游根兒　游棗園　游進元　游廣義　陳德明　陳長貴　劉彥祿　游進豐

游貞穩　陳董才　游根五　李長太　游萬慶　游廟成　陳小髦　陳春來　劉彥福　游自起

賈有魁　陳董貴　游居茂　李長祿　楊煥興　游禮兒　陳雪貴　陳慶貴　游曲義　游廷發

谷多村

王福魁　王德財　王朝清　王君衍　王　賓
雷發聲　王元兒　雷應朝　雷慶雲　王耀文
雷　剛　雷法俊　馬懷義　雷春鐸　王雙榮

趙家灣

趙奎兒　趙學彥[30]　趙克星　趙光兒　趙秉鈞
趙新雨　趙伯光　趙天春　趙跟莊　趙淩雲
趙可旺　趙宗喜　趙隨祿　趙隨福　趙學恩
趙學平　趙克耀

河西村

楊際清　楊閏保

---

30 賊相識者，聽其逃，趙學彥不認舊好，且戰且罵。

龍華村

趙　榮　李有泰　趙妙會　李瑞林　吳玉魁　王根春　王世春　趙增錫　趙定邦　趙根馬　趙福榮　王鎖兒　韓來喜　李　祥

趙　智　趙士信　吳萬興　李瑞全　吳慶榮　王君花　趙學正　趙世秀　趙為邦　趙茂松　趙福興　王年年　王成子　李方來

李有魁　趙秉泰　吳連慶　李清芳　吳慶昇　王長堯　趙學積　趙增亮　趙均邦　趙壽鎖　孟方保　石懷雲　謝興元　李長茂

李有學　趙秉忠　吳連登　李全兒　吳運太　王根牛　趙學恆　趙增著　趙世貴　趙福成　吳福來　石懷賓　孫赫諸　李長麟

李有華　趙秉志　李元照　李易祥　吳胡成　王遂京　趙增長　趙增玉　趙慶兒　趙必茂　楊　順　李　秀　張寶才　李廣明

楊鎖兒　李長明　楊生兒　李銀寶　李赫茲
趙學進　趙志倫　趙邦彥　趙廷貴

背坡村

聶有名　聶有恆　聶興雲　聶朝武　聶成義
聶友賢　李祥瑞

布頭村

王道有　王世秀　王世興　王金海　王　貞
王　春　王桐兒　王根煥　王世珍　王雙合
王會成　王玉彩　王臘合　王粱貴　王春會
王春合　王牛兒　王莊兒　王　露　王坤定
王寶三　王善學　王羊生　王玉生　王介兒
王清兒　王新平　王慶兒　王羊兒　王掌合
王廣合　王儲門　王元兒　王有祥　王雙元
王霍元　王陸九　王水兒　樊祥兒　樊明堂

樊新科　樊金生　樊有科　王春來　王定遠
王　寬　王廷魁　王福德　王定金

南頭莊

馬興文　馬興武　李長安　李長順　馬興彩
馬三有　馬金昌　馬謝元　馬足子　馬根足
馬脈成　馬金全　李五福　李世策　李世良
馬根來　馬　貴　馬有子　馬深兒　馬光玉
李茂林　李福娃　吳長兒　吳四九　吳永藏
吳永玉　吳化成　吳化南　吳昴兒　吳根兒
吳有兒　吳怪兒　吳永清　馬殿喜　馬順兒
馬長庚　馬石山　馬卯兒　馬新喜　馬舍子
馬芒成　馬年兒　馬大貨　馬鴻湘　馬　彪
馬王緒　李寶娃　李根會　吳根寶　吳勝娃
吳金泰　吳諾兒　吳雙榮　吳春來　張久兒
吳來和　吳京元　吳司風　吳紹子　吳德寶

吳戰莊　張飛鴻　張五門　張苟謀　張福良
張　幸　潘含章　張慶元　張喜兒　張振喜
吳福德　馬自林

同堤村

王雲清　王雲瑞　王雲成　王　蕃　王克紹
王拴勞　王巾勞　王光春　王文代　趙　寶
趙壽林　王慎孝　王　貴　王廷才　王積公
王進金　程　順　程臘兒　程榮貴　程三成
程金鈴　王朝喜　王　宗　王進賢　趙元清
趙　京　趙登兒　趙彥喜　趙天升　原福周
趙彥忠　尚萬有　程思道　程思俊　程臘餘
趙燕喜　趙六兒　任方喜　雷廷魁　雷廷梁
雷麥虎　雷可兒　趙國兒　趙鳳岐　王　珍
王新貴　王方元　王德魁

南灘村

杜必得　杜中營　杜七雄　杜天泰　杜來兒
杜根德　杜汝升　杜三九　杜攀兒　杜長連
杜兆明　杜金丁　杜成花　杜祿兒　杜凝吉
杜新留　杜連桂　杜九成　杜明祥　杜核槎
杜赫賴　杜長貴　杜君海　杜卓兒　杜成祥
杜文茂　杜成兒　杜秀來　杜學兒　杜福來
杜丙兒　杜鈴兒

阿河村

康健兒　康世裔　康金桂　李進興　康新長
董問兒　董克俊　穆　林　穆龍兒　穆　恆
穆雙成　雷靈虎　張潤成　董興吉　董九齡
董盛郎　董得成　李長春　康正英　李景寬
康文榮　康得鳳　康建玉　康兆昇　康慶連
康臘進　康雙龍　李進喜　康萬清　康維漢

康三才　康雙合　康月春　康得芳　康新民
董廷壽　董通邦　董長江　穆全義　穆全龍
穆　喜　穆春元　穆全受　穆虎兒　李長發
楊元兒　董廷輝　董思斌　董和邦　董修成
董廷揚　董開邦　董景邦　董文邦　董金登
董喜忠　張金秀　張金堂　党春元　李家來
李玉坤　李吉漢　張正興　康得財　康文榮

明水村

張　蘭　張登榜　劉彥龍　劉文炳　劉得貴
劉頭兒　張建祥　張桂魁　張星魁　趙連城
趙芝彥　劉世元　王金子　王來伏　趙常禮
張　春　張益魁[31]　張　興　趙金鳳　王化成
張士吉　趙洛澤　劉繼和　張全讓　張登雲

31 張益魁，母劉氏，罵賊受害，益魁忿甚，並其弟張昇魁乘夜劫營陣亡，張昇魁身帶七十餘傷歸。

張建德　王濟民　張伯光
張建玉　劉喜科　王祿民
張元成　劉來兒
張元昇　張全滿
張全壽　王新喜

白村

劉四虎　李彥法　[redacted]　[redacted]　李俊海　李四兒　田生春　吳五元　王福成　李幼生　趙純節
劉順興　李清桂　李塵兒　李東京　田本金　李五常　吳秉成　劉煥風　李聲聞　吳祥兒
李萬全　李清彥　李嘉會　田本玉　李三保　李攀桂　吳　銘　吳福榮　李遠揚　劉紀長
李紀兒　李徹娃　田三九　李元清　李進寶　李新年　吳秉新　吳長春　李興兒　劉潤成
李牛兒　李金印　李百福　田日海　李石滋　李開長　王　興　[redacted]　李百五　吳三合

白家寨

王　利　王銀兒　王順娃　王懷瑾　王小白
王鎖兒　危三生　危雙喜　王化遠　王化行
王致和　王髦兒　白科兒　白根兒　王文元
王英魁　任中兒　王苟拴　王德時　張德貴
張元長　危必貴　宋世俊　周士成　周士俊
王　銀　王必德　王喜郎　王興和

兀蘭村

張甲乙　張金寶

戶軍村

白彥祥　白吉照　白士良　白紳銘　白星耀
白振長　白彥龍　高其學　白養中

留村

張雲清 張自有 張福來 劉增號 趙六兒
趙興朝 曹居樓 曹居祥 劉增成 劉玉良
王定兒 王全兒 吳元興 薛同官 王成兒
王耀駒

德行村

姜悅心 張建法 張春生 張福慶 姜雙喜
姜羊兒 姜悅寬 姜彥兒 李　杰 李麥貴
王紀太 王云兒 馬便兒 馬德兒 張建玉
姜天章 姜秉錫 姜秉旺 姜朝珍 姜永義
姜　益 姜明禮 姜天興 王太定 王天吉
王天順 王德才 王喜占 張秀橋 姜秉長

阿壽村

李忠云 李得才 李根兒 楊廷斗 楊杜成

張年兒
王元成
王幸兒
王福寅
王慶科
王兔兒
王良信
王根榜
王來兒
王興莊
王　儒
王彥貴
王增祥
楊牛兒
王水林
王允左

黃改志
王　義
王羅子
王允立
王慶祥
王茂兒
王生花
路根鳳
王隆兒
王祥兒
王交連
王景才
王增鳳
王允慶
王允采
王金合

王萬年
王懷義
王居兒
王成兒
王學曾
王彥清
王邦正
王良緒
李紅玉
王喜願
王新潮
王方兒
王可和
陳修成
王根兒
劉新成

張士貴
王萬春
王伯花
王臘兒
王科兒
路銀絲
王邦德
王成林
李苟爪
王麥兒
王喜兒
王東子
王林玉
王犬兒
王來實
王赫子

王維英
王耀宗
王良玉
王興會
王定南
王良會
路虎兒
王丙午
李來爪
王喜才
王成文
王　朗
王保兒
王煥兒
王送兒
王銀兒

李國治
王世惠
王懷禮
王斗來
王茂春
楊德太
王順和
王元孝
霍錢兒
王崇兒
王運斗
楊宗福
霍　旺
霍　林
王驅兒
張春喜

王懷玉
王來喜
周自來
王根道
楊升春
王化成
王保寶
張　祿
王　丙
王秋良
王選麟
李謀兒
霍前兒
王改子
楊崇法
王有成

王　忍
楊根鐵
吳成兒
張福臨
王潤九
王錫祿
路英兒
王宏兒
王天貴
王年來
王煥林
李彥和
霍同林
王元第
楊廷祥
王允兒

王興孝
霍　選
王和灘
王純厚
王雪九
王化英
王老六
霍永興
楊紅春
楊繼兒
王得麟
王運長
霍恩兒
王根有
楊林兒
王新年

王放良
霍廷珍
王三元
王壽林
楊清太
王化雄
王元清
霍年兒
王雙成
楊祿兒
楊土成
王丑兒
霍回兒
吳福元
王會路
王根根

王芝成　王興財　王靈年　王合喜　王錫進　李起年　王新廷　王德元　王瓦子　張自福　李三成　王吉成　李鍋兒　王遇合　王朝兒　王茂林

宋　明　王良鐸　王來福　王茂兒　王祥堂　李印玉　王合存　王法成　王保清　張孝來　李悶子　王祥兒　李黑子　李中雲　王喜兒　李來年

王官東　王金元　王定門　張　元　王振電　王金玉　王合興　王法有　王新家　王福卯　王雪來　張永得　王紀兒　李得財　王子兒

王得兒　王　文　王元兒　張夏兒　王超兒　王開元　王錫要　王狗蛋　王年豐　王拴子　王斗兒　王考山　王金淡　李根年　王合兒

王廣兒　王　武　王忠信　王定南　王紀來　王元喜　王亥子　王招兒　王道魁　王玉寶　楊廷錫　張祿年　王隨兒　路進兒　王松實

汪家寨

汪德秉
汪自正
汪德寶
汪占鼇

南莊村

王雙林
王來成
陶廷雲
陶百兒
陶小海
陶福來
陶百臻
陶謝詠
陶春來
陶周兒
陶全生
史升升
史天來
史天德
史繼和
史克法
田長德
田東兒
梁新喜
梁三喜
陶廷璧
史來魁
史成才
趙東京
王建昭
王建寅
王雪貴
陶文英
陶雪雲
陶文正
王永信
王世成
陶廷芳
陶廷珍
陶嚴兒
史克良
趙便兒
史金金
史逢吉
史慶兒
史福慶
史全升
史福成
史克春
左喜兒
史江兒
史毫兒
史煥興
陶繼功
陶繼成
陶繼祥
陶文灼
陶廷龍
陶登成
陶伯興

陶根會
馬學謙
陶天仁
陶天一
陶四成
陶　魁
陶文旺
陶銀銀
陶興煥
陶天保
陶鈴兒
陶廷孝
陶天辭
[redacted]
陶文遠
陶登繼
陶遂兒
史自周
史長兒
史克讓
史合清
趙毛兒
趙長周
楊懷禮
左順兒
左玉林
左金斗
史全仁
史全義
史雙合
史自成
王泰復

麥城村

房福彥
李寶騧
[redacted]
王江兒
趙金麟
趙化兒
房自成
房天順
趙河寶
趙苟兒
趙全兒
暢參兒
房會兒
房存苟
馬忠孝
馬見用
房寶兒
暢福兒
趙嚴何
趙埋子
王　德
馬京德
王孟明
房玉兒
王　舉
王三林
楊方禧
暢隨兒
趙金苟
趙金寶
王獃迷
房悅善
王那處
房三兒
房隨定

房荀兒　趙　銓

房綽兒

房義成

朱殿兒

房長兒

王店村

杜　更　薛三成　杜良兒　楊春第　楊拗兒　党都兒　楊方侃　楊廷壽　溫兆泰　劉懷玉　溫河成　杜全善

薛應召　杜金鎖　党獃兒　楊元宵　楊長安　党方才　謝東山　楊新春　溫學法　党學德　溫克恭　薛進兒

薛應貴　杜福泰　溫山兒　楊錫齡　党月德　楊生逢　劉秋元　溫成吉　溫學奇　党年支　孫鳳儀　薛小流

薛三明　杜新良　溫慶兒　楊根林　党　纂　楊道兒　劉四頁　溫官慶　惠根年　党呆兒　溫永祿　溫成乜

薛洞兒　杜忠兒　溫魁兒　楊堂兒　党順德　楊廣成　楊朝兒　溫　忠　劉得銀　溫才兒　溫如珊

高牆寨

賈有長　賈　魁

紫馮村

劉和尚　劉甲午　劉會兒　楊喜兒　劉秉信
劉可兒　劉秉才　陳　泰　陳　烈　戴坤兒
戴澤兒　董潤喜　董進喜　董孝兒　王國治
王時兒　王道有　王根年　王隨子　董東武
王積祿　王獲子　王祿兒　王稞兒　王兆奎
王紀明　劉文慶　劉斗會　鄭可義　鄭小六
王德才　王灌兒　王牛兒　王景清　董常德
王茂新　王蕃子　戴克忠　戴興才　董金元
董奎麟　張寶兒　陳老鸛　劉振法　劉保兒

船舍鎮

李錫姓　李錫興　張虎子　李建林　張廣智

石芝彥　李四喜　李妙成　牛兆坤　李勝兒
李省兒　李喜壽　張法平　李振喜　李品祝
李新春　李新彥　李文興　石彥俊　趙有成
董萬春　任來兒　牛和尚　石煥兒　李金財
牛官鎖　梁朝慶　李振武　李銀貴　石必州
石必清　李雙舍　李文祥　李正喜　李品廉
李金盛　李炳成　李　滏　李錫爽　李　治
李久穩　李芒種　李　灘　李　湘　李喜燕
李錫璋　李錫鎖　李　淋　張孝恭　李文豹
梁朝柱　趙方鎖　李錫極　李火炎　史　信
趙丙子　雷太成　雷　全　牛繼周　石必郢
李長春　石必金　石必元　石必方　石芝福
石彥儒　師有才　馬芝芳　馬世登　李錫德
李文用　李品梗　李錫韻　牛繼兒　李膝兒
趙永積　趙來水　趙貴廷　趙眼長　趙銀兒
趙繼成　趙柱娃　趙考兒　趙有兒　趙四兒

趙京順　[redacted]　趙天祥　趙擺住　趙永會
趙潤成　[redacted]　趙永保　趙永法

𡒄窪村

張廷庫　張保成　張積兒　張福慶　張保慶
張三元　張丕法　張集林　張宗義　張士芬
張集升　張新成　新春慶　張春明　張振河
張福林　張九兒　張楊生　張一桂　張寅兒
張　福　張新元　張集佳　張集元　張雙印
張廣安　張永典　張旺葩　張星一　張河清
張官兒　張承緒　張志興　張志英　張廷珍
張　壽　張丕林　張文俊　張亮光　張丁虎
張承曲　張集祺　張印兒　張順兒　張丕安
張崇慶　張崇花　張四全　張福喜　張振義
張士鑑

小營村

劉建祥　劉瑞兒　王福慶　王成兒　王全德
王坤柱　王正兒　王金山　王崇凝　王學榮
王學貴　王德兒　雷師信　雷根五　雷隨周
王挪兒　林濟春　林女呂　王耳物　王丙子
雷玉芳　雷增花　王錫德　姚宗賢　姚宗點
姚宗木　林君升　姚積堂　姚崇兒　姚晃兒
姚收成　姚玉麟　王德長　王遇春　王長春
王廷選　王鷂子　王兆祥　王官喜　王新房

黃甫村

馬文魁　馬玉會　馬德令　馬長娃　馬友才
馬別兒　馬鳳蚊　郭三成　郭磚兒　左元兒
左懷種　左成貴　王進寶　王別兒　吳學友
吳成兒　左世有

寺前村

段正發 段新廷 李登瀛 李東閣 李東籬
[redacted] 李西堂 李西園 李維德 李福秋
李福來 李來兒 李星桂 李景福 李學詩
李金福 李銀福 李酉兒 王尚賢 王順才
馬赫子 馬存兒 段興文 段興甲 李啟元
李福建 段正傑 李重凝 李重奎 李秀成
李玉偉 李星斌 李有盛 李國治 李丁兒
李九成 李桂兒 李萬豐 李學才 李福成
李金喜 李緒文 李重兒 王長泰 王拴兒
王別藏 馬廣年 馬良兒 李永謙 李永洲
段金祥 李應麟 李德林 李流星 李恆兒

梁家莊

梁跟肖 梁臘兒 梁學增 梁蔚生 梁殿新
梁福慶 梁報兒 梁正兒 梁庫兒 梁成子

梁崇興 梁狗兒 梁貴兒 梁步月 梁本立
梁賴兒 梁流兒 梁吉利 梁肯堂 梁遂定
梁定兒 梁大經 梁長順 梁增義 梁凌智
[redacted] 李聯甲 李生雲 李鴻禧 李和尚
李世虎 李印兒 李小赫 李長興 [redacted]
馬　昌 梁步月 梁步慶 梁鎖成

梁家坡

梁京來 梁芝禧 梁京花 梁義合 梁百福
田寶元 梁麥成 李須子 梁耀兒 梁來春
梁長發 梁小水 梁德星 梁森桂 梁金林
梁萬來 尚魁登 梁官兒 梁新福 梁才兒
梁閏六 梁中秋 梁來兒 梁小來 梁京積
梁跟來 梁長有 雷隨朝 雷定兒 梁明貴
梁南兒 梁謀祿 梁諸娃 梁朝玜 梁京璽
梁慶貴

羌白鎮

郝三貴　李春才　王金貴　屈應甲　屈文杰
張　雨　張　輝　石配玉　石經兒　石玉杰
張玉江　張福兒　孫別台　張新福　張海口
張金元　韓秀升　張　慶　張元兒　趙順兒
張天義　任福德　任成子　陳萬年　張發元
樊應選　潘　祿　陶志立　陶艮兒　陶艮玉
陶鎖兒　李明福　李明祿　梁根川　梁雙成
梁承成　陶全義　陶自新　陶長兒　張處兒
張舉兒　張吉祥　張鴻烈　張　繼　張五來
路迷兒　王　耳　張永金　王年成　張來兒
張婁兒　張根兒　張天祥　張東兒　高太峰
陶自有　楊並成　陶自魁　党　魁　張福臣
陶自東　陶映慶　楊丙成　陶丙兒　嚴忠玉
梁飛蛟　馬起太　李登瀛　車有奇　車有基

李恆升
張長財
張羣兒
陶文英
陶平安

陶福海
陶金成
陶水水
車光祥
李貴彥

孟殿江
段萬英
陶才兒
王成基
梁寶金

陶自玉
陶金娃
陶道兒
陶小穰
高　角

李占炳
李占平
李　隱
李福德
李占鼇

半道村

張聯芳　馬振乾

北至村

王君清　何君有　蒙良貞　蒙明善　馬待慶

北王閣村

王福林　王汝兒　王盛兒　王夢兒　任成兒

任六子　任拉住　任生兒　任方合　王福清

李京成　景三桂　任江兒　宋牆頭　景寶林

任立志　任立強　景全有　景全錫　王銀兒

王福有　任立恭　王龍成　任諸娃

王福年[32]

八女井

李時青 馬文蔚 李文楷 李楫五 李成春
李太兒 李莊莊 李芳春 李尊貴 李王寶
李聯科 李全忠 馬茂林 馬玉成 李太平
李印兒 李元兒 李九兒 李秋成 李便成
李官成 李三成 李年經 李尊賢 李謀子
李黑諸 李雲清 楊豁友 馬友才 李明寅
李升雲 李棲雲 李新元 吳新兒 任雙合
李百兒 李天雲 李登甲 李吳蘇 李鎖會
李來鳳 馬成信 馬成俊[33] 韓昇德 韓自明
韓根全 韓吉祥 韓定吉 陳永森 郗懷忠
韓維孝 韓錫公 楊喜春 韓義兒 羅繼兒

32 晏村里人。
33 馬成俊，連發三炮，斃五十餘賊，力竭陣亡。

韓吉慶
郗福星
韓希信
羅長生
韓成安
韓雲英
韓忠信
韓麥成[34]
王桂林
王獃兒
張六福
李考兒
李瑤兒
李雲升
李秋子
李伏成
李問六
李家桂
李庚寅
李金元
李荀荀
李爛棗
李爐兒
李新春
李勺鈴
李有成
李順兒
李遇合
李崇善
李四喜
李根牛
孫成兒
李纏兒
孫京京
李荀順
李和尚
李得奎
李西來
李廣慶
李渙渙
李問英
李廣太
李三善
李興兒
李鎖兒
李道道
李雙道
李問泉
李改過
李雙得
李拉住
李雙雙
李佳兒
李眼喜
李似兒
李材兒
李平合
李國治
李保牛
李花成
李根寶
李禿福
李祥林
李正銀
李正才
李見剛
馬成玉
李明典
李耀林
李季粱

34 韓麥成，力竭被執，賊素識者曰：「若呼爺，饒若。」罵曰：「若呼爺，任碎吾身！」被賊支解。

李武倉　李光振　李來福　王士杰　王流騧
李棠兒　李玉兒　韓泰兒　張　發　張成喜
崇三馬　王福有　楊拴住　郗新貴　王喜全
李大秋　孫進福　孫月成　孫來新　孫德兒
任玉生　李　澍　李名題　[redacted]　李雙全
李東來　李閏生　李金福　韓有才　李閏閏
李福先　李三牛　李心道　李禿元　李赫玉
孫來兒　李隨陽　李家虎　李戊己　韓升銀
馬雪成　李　春　李重仁　李金鎖　馬福慶
李新登　李新元　李新科　李正印　李開第
李尊仁

潘驛鎮

任白兒[35]　錢萬選　錢新興　錢中仁　錢玉仁

[35] 任白兒，時年二十歲，手執大刀，自辰至申，殺賊二十餘人，血濺滿身，力竭陣亡。

錢自興
錢喜兒
錢雙成
錢振寶
錢光還
錢振琅
錢自秀
[redacted]
錢伯長
趙振江
趙重任
錢含才
趙遂福
錢光德
錢自順
錢自道

錢信兒
錢臘兒
屈旺德
錢光宗
錢振麥
錢振龍
錢三合
錢泰來
錢伯命
劉耳兒
趙進城
錢光林
錢光恩
錢光起
錢自溫
錢自新

錢奚兒
錢寶財
錢光彥
錢光成
錢振清
錢平兒
錢雙喜
錢丕益
錢伯富
羅馬成
錢復成
錢光宏
錢振聲
錢福生
錢自瑤
錢自有

錢國治
[redacted]
錢光威
錢光懷
錢振乾
錢茂喜
錢根喜
錢守益
趙萬慶
羅喜成
錢伯明
錢振赫
錢振河
錢永祥
錢自超
錢永來

錢順新
錢成騶
錢振豐
錢光明
錢振琳
錢茂息
錢復貞
錢孝益
侯興雲
錢福集
錢伯薰
趙重新
錢振海
錢振江
錢自學
錢永福

錢赫子 錢中清 錢大來 錢濟壽 周根兒 張迴兒 周永壽 趙廷選 趙仕魁 [redacted] 王　用 羅帖兒 王紹慶 趙永成 馬願兒 馬世俊

錢鎖子 錢中智 錢廣仁 錢中義 周喜兒 張道成 周永仁 趙處兒 賀鎖兒 屈八苟 [redacted] 王春守 [redacted] 賀魚兒 馬生兒 馬世杰

錢有兒 錢五來 錢廣義 錢三才 孫太福 魚作霖 周積兒 趙麥成 張興發 屈占吉 王年兒 畢照臨 趙　林 賀馬兒 馬慧兒 馬世端

錢努仁 錢牛兒 錢廣智 張根旺 孫忙兒 錢自喜 趙重元 趙伯杰 錢復義 王九十 王鎖兒 任天財 趙　介 馬永星 馬來皮 馬定兒

錢中明 錢鎖處 錢廣信 周永才 張　鳳 周永順 趙根元 趙全子 錢魁兒 王　明 屈懷祿 任鎖兒 趙永惠 馬永福 馬天慶 馬永朝

錢正順　張繼賴　錢萬年　陳山娃　馬福敬　馬世法　[redacted]　錢孟兒　魏喜兒　錢得娃　錢來兒　趙重連　馬永義　孫新興　王麥貴　魏餘兒

張　朝　劉學通　錢永祿　陳根山　馬永財　馬世貞　趙雙才　錢住兒　錢自重　賀永貞　錢別兒　趙重卜　馬永智　周永清　王牛兒　魏狗盛

任　林　景　德　錢元喜　錢德成　馬世貴　馬永昭　錢廣金　趙進成　錢自愛　趙慶元　錢春榮　趙福貴　馬永中　張登兒　景學順　畢照林

張戰英　景玉和　陳興有　錢茂杰　馬永順　趙萬克　錢福兒　任三蕃　錢春兒　趙來桂　趙梁娃　趙重喜　馬銀娃　張三登　景驚兒　屈戰吉

張　年　景玉清　陳興全　錢龍兒　馬金娃　趙吉祥　錢年兒　趙金定　錢元成　[redacted]　趙住娃　馬永仁　趙建朝　周牛兒　魏黑娃　孔自容

張振泰　張振海　史保兒　屈旺德　屈根兒
錢三存　郭紅祿　郭紅壽　郭五四　郭新喜
王興隆　王於道　鄭興順　羅秋鎖　郭廣盛
郭廣財　郭孝法　郭孝金　孔學成　魏明福
趙繼清　王百灘　王開考　王　成　張廣德
張興旺　張鐵牛　王千成　屈新年　羅秀魁
馬成兒　馬喜兒　王百恭　王作德　董羅兒
錢家五　羅瓜成　羅騧兒　周永金　周老三
周老四　周老五　周有兒　周福娃　周成兒
周德兒　錢福元　錢福齊　馬耳物　馬成兒
錢忠信　錢光明　錢金保　錢福娃　錢玉娃
錢根保　張興來　張興有　張牛兒　張羊兒
孫官清　馬林兒

麻家莊

麻居凝　麻居泰　麻居點　麻世會　麻世學

麻世健 麻兆清 麻全智 麻選生 麻兆文
麻兆英 麻廷英 麻世文 麻居智 麻居州
麻銀福 張伯雲 麻居正 麻拴勞 麻正心
周福聞 周有聞 周多聞 周來兒 亢喜年
亢改兒 麻殿元 麻杏堂

羅河村

羅世康 羅雲喜 羅世茂 羅諸騆 羅喜元
羅世純 羅福慶 羅逢吉 羅雲豐 羅支敬
羅雲光 羅世亨 羅福桂 羅雲錫 羅世覺
羅文禮 羅和昌 羅丑生 羅西騆 羅福兒
羅雲行

龍池村

藺不烈 藺其蘭 藺其英 藺太和 藺成積
蘇成功 蘇成基 蘇養德 蘇養彩 蘇養鳳

蘇養春　蘇長夫　朱含騧　朱金玉　梁江娃　趙得財　張　興　蘇成堯　屈克成　朱孟明　朱水兒　朱德克　朱宗魁　蘇金娃　朱宗全　朱正茂

蘇養和　蘇銀夫　朱定林　羅漢騧　梁林兒　蘇成智　張　祿　蘇成錫　屈福財　朱芒喜　朱德隆　朱孟熊　朱廷彥　屈登春　朱智忠　朱宗鎮

蘇成德　藺　平　朱元林　張德興　梁乙兒　蘇潤喜　蘇成壽　蘇成信　屈敏坊　朱換娃　朱德禮　朱水林　蘇吉清　屈荀娃　朱廷奇　朱月兒

蘇吉平　藺　元　朱金狗　張鳳高　周政合　蘇四成　蘇成印　蘇成鎖　朱孟飛　朱荀娃　朱焚娃　朱德敬　蘇祝兒　屈平兒　朱廷茂　朱德仁

蘇吉祥　藺鴿子　朱繼光　張彥兒　朱銀元　蘇四兒　蘇成惠　蘇青兒　朱廷春　朱德法　朱寶娃　朱芝林　蘇養潤　屈旺葩　朱廷花　朱德忠

朱德林　朱德玉　朱明成　朱水林　朱德陵
朱信成　朱益成　朱耀兒　朱輝林　朱正愷
朱七兒　朱孟年　朱文泰　朱金娃　朱正己
朱保榮　朱正界　朱貴成　朱維慶　崔彥貴
崔彥重　崔德厚　崔正雨　周慶選　朱黑娃
朱白娃　張兆元

井店村

張邦成　張邦嘉　張邦傑　張景耀　張桂元
李映輝　李秋德　張蔭例　張喜湯　張三根
張科兒　張福成　張大元　霍計財　孫丁柱
張士品　張士賢　李金玉　張彥清　張士特

太豐村

党隨兒　党芒兒　党族兒　党虎兒　李水娃
王樹喜　王終興　王司興　王慶兒　王萬春

王成兒 王惟藻 王樹春 党敷仁 張世祿 張金寶 党世漢 党魚兒 党卓兒
王藺玉 張全染 王樹雨 党致仁 張自成 王　賓 党時雨 党四來 党抓兒
王福慶 王力振 王丙兒 張芒兒 張合兒 張如紀 党思雷 党根兒 党鎖兒
王瓜呆 王金財 吳廷閿 張耳兒 段支俊 王樹節 党思法 党長夥 党合兒
王德積 王金錢 吳苟娃 段景桂 張秉壽 党思玉 党來兒 党定兒

姚其寨

唐生法 徐春成 胡新興 殷茂來 錢曉兒
唐獅子 徐寶林 胡順兒 孫車兒 錢根澤
唐豹子 孫克讓 徐廷山 王擎擎 郭鎖兒
王丙寅 孫自來 殷孟二 李虎兒 姚自成
王扶子 殷福選 殷孟三 錢年兒 彭元子

李全有　李年兒　李銀元　張大成　張小成
張孟兒　邵四成　邵圭蓋　王根進　郭有兒
李老三　姚　清　殷哈賀　夏建凝　夏閱秀
張恰子　夏根娃　王紀福　胡佳壽　王興順
王彥隆　吳根年　胡百義　邵逑兒　錢士俊
李斗子　王拴兒　夏桂生　白天才　張蓋明
李赫紫　王麥貴　錢稱有　史長庚

上寨屯

陳三傑　陳牛拴　陳魚騧　徐元清　尚士端
尚光兒　尚金生　尚光石　尚翠林　趙興太
趙鳳林　陳興貴　徐耀林　潘年兒　尚大貴
尚大鴻　尚靈靈　尚丕悅　陳魚騧　尚尤騧
李樹騧　李久長　李金騧　徐忙中　武得玉
尚拾春　尚必元　尚福平　尚福凝　月得兒
月大騧　月二騧　李才騧

孫家寨

楊克恭　楊雲魁　張文有　張元孝　楊殷娃
張繼德

陳常村

薛自祥　薛冬喜　畢良兒　范萬庫　薛應新
薛應成　薛先登　薛先榮　薛立泰　薛福坤
薛萬選　薛自恭　薛如椿　薛如松　薛易騧
薛百庫　薛萬諒　薛萬清　薛允吉　薛醜娃
薛萬張　薛自德　薛秀海　薛自新　高德明
李茂義　李培賢　高海業　畢成祥　畢德傑
畢德時　畢德英　范桂林　范斗喜　范可封
張鴻疆　張元興　雷乾元　雷新元　范良娃
范永祥　范王娃　畢振海　畢建福　畢元元
畢振廣　畢振元

陳家寨

張春成　楊碾場　楊陽生　楊春生　張明元
張玉潤　張祥凝　王興文　陳自新　陳甲第
張純三　張金成　王帖子　王登科　王廷碩
張泰山　劉雙魁　楊忠凌　楊春兒　楊酉有
楊三紅

龐家莊

趙隆譽　趙隆望　趙隆緒　趙德統　趙政體
藺世耀　藺世珍　鄭玉來　鄭師鎮　鄭祥子
鄭全德　鄭士嚴　鄭蘭蔚　鄭興德　鄭哈貨
鄭錫貴　鄭應順　鄭義順　鄭懷傑　鄭老八
郭鴻順　潘旺林　潘敬訓　潘建長　潘敬文
潘社娃　潘逢祿　潘益興　鄭金滿　鄭懷彥
鄭保寶　鄭強娃　任義全　任福會　潘建都

潘鎖子　鄭蘭蕙　鄭全娃　潘配忠　潘武義
潘武懷　鄭積庫　鄭積順　鄭獅子　樊成蜜
任振元　任武兒　苟惟元　党雲書　党動芝
任房娃　任義清　任大有　任常中　任自新
郭成蘭　宋兆祥　宋兆順　樊長恬　潘炳合
樊光彥　潘懷珠　李鴻英　任中心　苟之恆
樊維新　潘春寶　潘尊藏　潘鎖兒　潘永全
潘風娃

西高家莊

鄭習振

雷村

李升起　李進城　張逢義　張根牛　呂光淼
呂光照　呂光輝　馬雙囷　郭天智　郭居寬
何升漢

刁家莊

王作哲

七里村

王貞懷
王德仁
王彥虎
王福來
王　榮
張凝喜
文本貞
王復興
劉申兒
呂　興
張慶齡
王　純
董　開
王德禮
文先榮
張吉貴
王寶田
王福生
劉根兒
劉中兒
劉存誠
白福賢
張安定
王篤慶
張　林
張元喜
文天定
張貞祥
王貫兒
張雲秀
王玉魁
王興善
劉元武
文恩榮
王　誥
王作霖
寇振魁
張雙喜
文貞祥
張　機
王金鎖
張長齡
劉慶元
劉家斌
劉元會
文恩寵
王嘉會
王　怡
王廷見
王興庫
閻寶善
張興魁
王舉兒
劉春元
楊核杈
劉庚辛
呂　勝
張天印
王方會
王長盛

王萬盛
文明堂
劉貽太
王榮兒
張化鵬
劉安兒
文維玉
高天恩
文煥德
文吉慶
文來來
文連敬
劉復興
劉榮良
劉疙瘩
劉錫三

王化南
文篤信
劉長榮
張繼恆
劉賀兒
劉和成
文煥昇
文長祥
文本正
閻小喜
劉根善
文舉兒
劉喜門
劉來詢
劉三常
張元廷

王紀林
王定九
劉末兒
張榮兒
劉福完
呂德謙
文萬甲
文　朝
文苟盛
文本奇
文本發
文福元
劉恩慶
劉恆慶
劉四進
張丙午

王安定
王捷三
王　煜
王時兒
劉春武
李生花
高萬清
文　凝
文宏福
文新福
文本泉
劉光表
劉雄兒
劉一泰
劉宗耀
張　建

文玉堂
劉有財
王成玉
王溫兒
劉清保
李銀天
高己卯
文　庫
文信堂
文紅章
文忠善
劉悶兒
劉文炳
劉六府
劉安惠
張信成

張鳳鳴　王三寅　王　穩　王五榮　王紀元
王　同　王三榮　王雄兒　王長鎖　王　廷
王　唐　王庚申　王　周　張鶴齡　王定三
張榮德　張三河　張太吉　張趙廟　劉廷瑞
劉書願　張三合　王德時　王用九　劉　德
劉順兒　劉福安　劉東來　劉盛來　王德義
張履謙　劉福臻　王福善　劉德成　劉德純
閻長春　文代耕　劉保敬　張平安　王　敦
馬新慶　呂畏三　呂成金　呂官海　呂狗賸
呂呆住　呂士貴　呂福元　呂新凝　呂新豐
呂長太　呂士超　呂士秀　劉　選

雷甫村

雷騰蛟　雷興賓　雷潤興　雷盛兒　雷三進
雷玉升　李公得　李三會　任根子　任隨兒
任苟之　趙金鎖　雷化鵬

雷家寨

雷彥兒 雷全起 雷三鎖 雷甲午 雷萬順
雷振海 雷振武 雷振宅 雷玉秀 雷平兒
雷成元 雷方子 雷太光 雷新貴 雷庚寅
雷興兒 雷 滾 雷思公 思拴兒 思跟拴
雷升蛟 雷振元 雷斗喜 雷芒種 雷昌蛟
雷應蛟 雷立志 雷元祥 雷赫兒 雷赫苗
雷米貴 雷獃兒 雷鳴春 雷雄兒 雷赦金
雷繼典 雷住兒 雷祥兒 雷元兒 雷喜之
雷長安 雷 成 雷慶元 雷丙海 雷驚春
雷德成 雷朝兒 雷新年 雷皀苟 雷繼新
雷據貴

蒙家莊

馬興杰 任駒兒 任六兒 任天順 任興順
任黃髦 任廷福 任中味 任進三 任有梁

任進福　任黃鈴　任寶慶　董　浩　董玉銀
董玉瑞　董玉榜　董柏齡　董存兒　董新祥
董玉森　董長牛　董書堂　董積庫　董積和

韓壕村

李紀成　李進寶　李重喜　李全智　雷天喜
韓社駒　韓章保　[redacted]　韓留鎖　韓黑鎖
韓有來　韓　銘　韓文衡　韓六兒　韓生有
韓希魏

高遷村

楊進元　溫　波　楊知廉　楊應春　楊應桂
楊長元　楊長來　楊進福　秦永年　秦金童
張　健　張廷兒　楊知祥　溫　登　楊振清
楊武吉　党　秀　党秋明　党喜兒　溫成蜜
党陞喜　党金榜　惠　堦　楊廣基　程　浩

劉大才　党元義　劉漢瑞　劉　謀　楊永齡
楊永財　楊貴洲　楊河洲　楊進福　楊廷賢
楊廷珍　楊正順　楊得文　楊雙武　楊長平
楊　烈　惠元泰　惠元善　惠元華　惠嘉瑞
楊汝吉　楊汝祥　楊明堂　楊恆茂　楊書魁
楊慶成　楊新齡　楊毓廷　楊毓麟　楊毓奇
楊務金　楊務喜　楊閏成　劉公法　溫　清
溫鼎魁　溫興讓　溫吉芳　溫兆慶　溫兆才
溫士正　溫士蘭　溫　成　溫秋元　溫袍兒
溫卦兒　溫百喜　溫根道　溫秋兒　溫榜住
溫　文　溫有來　溫如珊　溫有振　溫有凝
溫毫兒　溫松兒　劉懷相　杜世澤　杜世潤
杜鎖住　杜五虎　杜振興　杜　昇　白彥宗
李銀桂　趙新春　牛兆崙　李文忠　牛三和
石萬忠　牛遇兒　馬竇桂　李金旺　趙耀子
李福兒　石耀子

半坡寨

李文相

東豐寨

許步銀　許　芳　許繼齡

曹家莊

曹士太

城南村

張嘉兒　張孝信　張成兒　孫生春　孫千周

孫進才　張雙魁　張定邦　張喬兒[36]　張興太

張恩忠　張大泗　孫學智　孫東長　孫開業

孫　桐　孫鳳英　孫三太　孫魁兒　孫來福

---

36 張喬兒，因護其祖父定邦，被執不屈受害。

孫根春　孫居魁　張金剛　張越發　李隨和
趙忠兒　張學春　張全紀　張金玉　張五兒
李光榮　李鐵保　張得川　雷　法　李光成
李魁元　張金公　張金順　辛順業　辛愚子
張林郎　李　種　李福林　辛苟土　張金林
張春喜　張成海　張小元　張登威　張登鼇
張成祿　張庚申　張平兒　張三綱　張忠寬[37]
張三成　張學兒　張　端　張成統　張學禮
張留來　張廷愷　張一清

孫家村

孫自管　孫侃佐　孫辛寅　孫廷茂　陳小當
孫思茂　孫從為　孫雙管　孫開祿　孫召棠
孫得保　孫開福

---

37 時文報不通，張忠寬銜賊送文，赴朝邑、潼關數次，均無失誤，最後賊以數百騎圍戕之。

牌樓村

王三來　楊得武　王　禮　楊蒜兒　王　萬

丁家灣

宋隨陽　宋　森　徐長春　徐三良　徐建極
宋喜修　宋喜成　宋建平

高家屯

高瑞臨　高登雲　高廷貴　高登新　朱自祥
朱囊兒　朱天興　朱赫醬　朱九兒

南石曹

秦天明　秦喜兒　秦宗海　秦來兒　秦　德
秦有兒　秦復興　秦水兒　秦牛兒　秦祥林
秦腰子　秦孟喜　秦新來　秦金喜　秦下來
秦黑子　秦林兒　秦學東　秦雪成　秦繩兒

秦新慶 秦黑兒 秦金有 秦金玉 秦茂海
秦崇兒 秦根那 秦寶成 秦長久 秦官來
秦琨生 黄世德 潘聯甲 潘萬才 潘金爐
潘金元 潘朝銓 潘京善 潘德仁 潘文來
潘明禮 潘會進 潘虎兒 潘玉祥 潘晏須
潘年喜 潘百五 潘紹福 潘統兒 潘陽兒
潘記保 潘鳳朋 潘成兒 潘朝品 潘房兒
潘五保 潘學永 王年兒 潘庚元 潘麥貴
潘朝恭 潘丁柱 潘有慶 潘記才 潘文保
潘安喜 潘東廷 潘文明 王喜成 王士良
王卯年 王增蒼 王秉旺 王歡虎 王兔元
王德玉 王免兒 王平元 潘水梨 徐藥兒
潘熊兒 徐新秋 潘明德 徐佳來 潘萬慶
潘文智 潘自來 王海生 秦　月 秦三棟
秦合禮 秦生兒 秦行兒 秦勤林 馬振江
王秉辛 王秉剛 王隨武 秦科元 秦長元

秦長生　秦瑞凝　潘來喜　王增倉　王改名

三教村

高明兒　高三九　高根相　高諸騧　鄭喜兒
王小兒　高郤兒　王根山　高朱茅　王　春
高爾好　高　有　党定兒　王耳兒　高木蒼
高根木　高諸成　高白耈　高　庫　高考兒
王君才　鄭新喜　高獃子　高虎鏡　高方昌
高先侯　高陣兒　高甲陣　高　聚　高見起
高宏祿　党　厚　高見祿　王治興　高　朝
高　登　王自望　王牛兒　高　文　高見禮
鄭根亭　高長兒　高爾月　高三元　高安成
鄭支清　高爾溫　高見登　高毛芝　高士投

馬坊渡

張定兒　馬文才　馬忙成　馬開基　馬玉柱

馬文耀　馬天月　馬全智　馬全禮　馬天申
馬清選　馬飛龍　馬福旺　馬玉生　馬卯生
馬亦良　馬爾元　馬凌霄　馬道兒　馬長禮
馬甲兒　馬之汝　馬長元　馬天秀　李明兒
張宗壽　馬妙信　馬烘登　馬受兒　李長喜
馬成元　馬銀元　潘根隨　張連伴　李三元
馬諸騧　張水兒　李來騧　李廷魁　李廷輝
李賴兒　李記盈　潘仕旺　李用喜　李正清
王虎兒　韓文合　李廷獻　李廷選　馬永慶
李振清　李得祿　馬亨兒　張永宗　張辛酉
張星耀　張星現　張星垣　李尊福[38]　李新來
潘隨子　李作桂　張隨柱　張中伏　馬中興
李作舟　張隨福　李世照　潘化興　李爾魁
李廷智　李記福　李記祿　李福寅　李年兒

38 李尊福之家犬守其屍，十餘日未壞。

李廷義　李收兒　李東喜　李忙喜　李　昇
馬景清　李卯清　馬大有　馬爾旺　馬江兒
張益壽　張宗祿　馬汝驥　馬貴生　馬維孝
馬登順　馬登祥　馬增祥　馬印倉　李根拴
李寅兒　李方牌　朱水來　朱新福　馬運兒
敬金平　王運泰　王喜子　喬春秋　喬正有
喬金金　喬耳兒　苗九兒　苗十兒　苗全兒
馬天定　馬朝斗　馬江兒　張天賜　張占魁
張浪英[39]　張增福　張新兒　張萬泰　張宗華
張金元　張四元　張永祿　王遇時　張來兒

蘇胡村

王鳳彩　雷自來　雷三喜　王新興　王元元
潘喜兒　潘新喜　王長斗　高明山　王喬兒

39 張浪英，因尋葬父骸遇害。

王有西
王秋來
王明才
白皮兒
白洪兒
白水林
白成道
段成有
白呂兒
白藩兒
白麒麟
雷發義
白積壽
潘根英
武天德
雷際良
王丕廷
王　冬
雷合子
王丕享
王得壽
王慶兒
白福來
白福考
白根合
王有才
白積長
白眼成
李逢時
白修家
武登巍

畦家村

畦　昇
畦道有
畦克明
畦克林
董寅兒
畦來春
畦流海
畦福海
畦念兒
畦來兒
王庭魁
王甲兒
畦丁柱
畦悅清
畦元彩
張小諸
張鳴鳳
畦保成
畦悅才
畦根兒
畦　廣
畦福全
畦福興
畦福義
畦士杰
畦萬兒
畦雙喜
張鳳有
畦悅有
畦夢輝
畦悅善
畦悅慶
畦鳴彩
畦悅和
王庭興

畦鎖兒　畦　祿　畦福閏　畦　全　畦桂草
畦天義　畦天人　畦悅智　畦丙兒

王家村

王元安　王元慶　王元基　王元學　王元英
王增敬　王增虎　王增豹　王增本　王　槐
王讓娃　王四娃　王　欽　王紀元　王象元
王進元　王喜元　王元兒　王潤山　王來來
王勞兒　王三願　王　廷　王　純　王瑞娃
王振元　王興元

王馬村

敬君倉　敬建極　孫應運　苗忠祿　敬眼兒
敬捨兒　敬金餅　敬　尊　敬允修　敬建英
李庠生　馬平安　李重慶　孫興來　喬好德
苗可正　敬三陵　苗問年　苗雙兩　苗際祥

屈廷發　苗三春

苗可交　安定元

苗可中　張官兒

苗可清

苗興貴

官子池

答全泰　帖國治　帖學榮　帖月祥　帖書考　帖事茲　帖百兒　帖永名　帖永義　陳才兒　帖天賜　帖四兒

答貴邦　帖方喜　帖麥貴　帖有兒　帖小考　帖學清　帖永顯　帖才兒　帖英貴　帖元兒　帖開成　帖興湯

王整儒　帖學春　帖門娃　劉秋兒　帖來兒　帖書來　帖永亮　帖五兒　李小德　帖喜兒　帖蕃兒　帖學樂

王廷德　帖書兒　帖根子　劉考兒　帖京兒　帖永玉　帖化強　帖化虎　胡京貴　帖才子　帖永挪　帖河西

答福來　帖四寶　帖永奎　帖六娃　帖永習　帖正英　帖問喜　帖汗兒　陳廷祥　帖章保　帖化成　帖丁住

帖居花　帖書成　帖根成　帖永賴　帖永振
帖永剛　帖永穩　帖書茲　帖正義　劉發祥
劉法寶　劉　義　帖學問　劉　忠　帖歡茲
帖中兒　帖根中　答君台　季士財　答德威
答玉賢　答立住　答全收　答全倉　答全廷
答遇賢　王隨記　王星彩　季克榮　季克義
季克海　季銀貴　季善有　季見喜　季皂兒
答德元　答德行　答九成　答作興　王福祿
季隨成　張興文　蕭秋興　季善雲　答德明
答楊兒　季金山　季居蘭　季來保　王光有
答世清　季將兒　季金蘭　崔芒兒　帖問兒
王君強　王君喜　答來兒　答根兒　帖羅兒
帖虎兒　王六兒　帖天顯[40]　帖書元　帖學勤
帖臨晉　帖永正　帖永禮　帖月福　帖化玉

40 帖天顯，時年八十餘歲，力持巨斧，轉戰數里，殺賊十餘人，力竭陣亡。

帖芳兒 帖相成 帖正合 帖重義 帖彰葆
帖第洞 帖銀兒 帖八閏 帖學顥 帖正興
帖吉兒 帖成祿 帖麥成 帖天喜 帖可章
帖朝兒 帖正金 劉元慶 帖月茂 帖正科
帖葆源 劉志凌 劉正蔭 帖永士 劉漢興
帖懸考 帖丁兒 陳庭華 陳福海 陳福江
帖永丙 帖永青 帖根貴 劉貴才 張辛未
劉經紫 帖年經 帖長祿 帖四候 帖四成

伍家灣

王懷信 王文彩 王文科 王文英 王榜來
王景科 王振邦 王成兒 王官德 王東關
王金保 王景興 王趙成 王庭輝 伍新春
伍應林 伍得林 伍學德 伍法興 伍德春
伍隨安 伍宗才 伍得清 伍學道 伍猷成
伍廷章 伍興進 伍雲章 伍牛兒 伍建章

伍太和　伍法太　伍奉彩　伍法昌　伍企祿
伍宗茂　伍企明　伍年庚　張成法　吳興德
張方玉　吳興才　張盛兒　楊　增　張雲升
楊坊兒　王懷有　王文煥　王懷福　王文登
王懷順　王懷讓　袁福長　袁金寶　伍德謙

三里村

李秀蓮　李興蓮　李茂蓮　李瑞蓮　李際亨
李登科　李登元　李六旨　李春榮　李希元
李希曾　李希顏　李希海　李生彩　李帶盧
李三水　潘太山　潘志清　潘志平　李致祥
李麟瑞　李懷義　李懷德　李長秀　李萬全
李本德　李榮顯　侯茂賢　侯記東　李殿平
李水成　李際雨　李際太　李忠朝　李拴騧
李南岳　李有法　李玉魁　李逢海　李福星
李際春　李九經　李超林　李俊林　李振湖

李邦英
李生芳
張酉兒
李凌極
李福朝
李有心
李金鐘
李兆麒
李生花
李榮清
李兆祥

李殿清
王萬全
李含玉
李殿會
李振財
李逢時
李殿珍
李兆麟
李水兒
李慶雲
李映奎

李懷連
李科兒
李喜春
李天魁
李振河
李金英
李得旺
李兆槐
李根兒
李逢銀

沈長清
李豹紫
李文孝
李士英
李長庚
李金祿
李凌辰
李凌岳
李金兒
李根序

沈長發
李含英
李雙榮
李中雲
李必周
李新莊
李殿璋
李希隆
李榮春
李延平

陳村

高朝興
田萬事
李根種

高得業
高坤生
李得功

高盛業
高廷德
李根記

田太鳳
高太來
高秉耀

田太凰
李金兒
高秉成

高思成　李元兒　李正兒　李初子　李福來
李問娃　李四根　高秉剛　高記莊　李自來
孫繼興　杜有清　杜根林　田建功　高鳳林
田秉武　李茂興　田振兒　劉才兒　劉文祿
田萬乾　王天保　李方會　孫成章　李茂才
孫文遠　趙收成　高中用　高茂業　高積業
高新生　高官寶　李茂銓　王自揚　高成元
高廷鳳　高正有　高自義　高三政　李跟來
李生和　李鳳娃　李問五　李茂春　高來寶
高廷梅　高雙成　高小改　高哈哈　高隨之
潘玉德　潘玉麟　潘錫典　潘元德　潘復盛
潘必坤　潘彥清　潘敬修　潘嘉麟　潘振祺
潘沛興　薛自義　薛恆發　薛德俊　薛福祿
薛民祥　薛　成　薛　和　劉德昌　高大忠
高文奇　高自鳴　高自水　高自仁　高全娃
高營子　劉春陽　高銀成　劉春貴　劉官成

王廷仁 王定子 高時來 高更子 高成生
高魂門 李興德 田太禮 田太盛 田煥子
李得英 李汝本 李東娃 高廷祿 高敖尖
高斗貴 高林業 高順明 高平安 高萬業
高祿子 李得金 李羣苟 高秉讓 高秉信
孫來兒 李記娃 李三記 潘小海 潘進祿
李茂功 高起業 王廷龍 李得玉 劉世有
田必發 田太德 高有娃 李喜齡 田萬才
孫成元 李培壽 孫文林 高兵兒 李得章
李庚午 李思公 李自長 李得官 李棟來
李有忠

楊村

雷福科[41] 雷福祿 雷自朝 雷自蘭 賈 信[42]

---

41 雷福科之父雷興智等一家三十餘口，均忿激自盡。

42 賈信，與弟賈忠、賈才連斃數賊，力竭自刎，被賊焚屍。

賈　忠　賈　才　李汝俊[43]　李順元[44]　張大江

張大海　張獲兒　張車兒　賈明海　賈金榮

賈朝兒　張赫兒　張金玉　張問子　崔巨才

崔有兒　謝茂恭　謝新鳳　謝年經　錢孟賢

錢甲寅　錢馬兒　王重學　王江娃　王占鼇

盧志直　盧旺兒　盧根旺　李丑閻　李金虎

李三虎　王有衛　王步兒　王朝兒　王有義

王來兒　王漢兒　王步會　王根全　王有全

王太貴　王水林　張培義　張培云　李參成

李盛兒　李汝霖　李春元　王正新　王官來

錢庚子　錢向玉　張如松　張來兒　張自學

張自孝　李向才　李鎖娃　李養智　李養德

張大旺　張合兒　張參兒　張莊兒　王　昇

---

43 《大荔縣續志》，卷十一，耆舊傳下，節義新編：李汝俊，楊村人。時膺團長，率眾禦賊於村西，力竭被執，罵賊死。其子順元，自南岸渡渭救父，亦遇害。

44 李順元，聞父李汝俊被圍，衝入血戰，因俱陣亡。

王　喜　王喜兒　王根喜　賈金祿　賈金馬
王世法　王來兒　劉銀成　劉渭南　石　錫
石暢兒　張崇玉　張初子　荊大福　荊大有
王英虎　王春成　盧明堂　盧根寅　朱保兒
朱東保　朱新海　朱新來　魏拴兒　魏保娃
雷振甲　雷凝兒　張建庚　張建寅　張起甲
張海晏　張福漢　張培秀　強福祥　劉成福[45]
藺問喜　朱永藺　藺成山　藺　孝　屈三既
李汝周　李殿元　尚興邦　尚大寶　李喜來
謝官來　謝君昌　謝記兒　王正志　王正林
王正禮　王正金　藺開業　錢寶通　錢自魁
張培玉　張羊娃　張鎖成　張黃兒　張克清
李霜降　李朝棟　馬應娃　李養玉　朱瑞林
朱小獲　雷麥成　李憨兒　劉必典　王秉仁

[45] 劉成福，扼要堵禦，連斃數賊，力竭被賊碎屍。

張朝智　張四兒　王云江　張春凝　強天興
王喜成　賈　丁　賈　寶　賈明元　李　昇
雷太安　王廷國　荊大魁　王武成　王自蘭
王太昇　王步烈　王遠兒　王金階　王金鑾
賈金七　賈榜榜　王淡兒　王重祥　朱大楹
朱俊壽　盧會興　盧會朝　盧土兒　盧會珠
盧福來　盧旺堂　雷化廣　雷化洽　雷聽德
雷天令　雷福旺　雷順天　齊瓷兒　齊庚兒
雷清元　雷福明　雷全孝　雷凍來　雷武麟
雷振江　雷玉成　雷來卯　齊永成　王三寶
齊思會　齊向成　吳四喜　王自祥　盧志和
陳天才　王福林　石永智　盧志凝　錢思才
石永瑞　王步興　王卯來　雷朝兒　雷敖兒
雷官娃　雷景年　雷景龍　張三水　張黃兒
王臨兒　王來兒　錢永和　錢官保　王輔清
楊肇泰　強福立　石天法　石　德　石　會

盧中義 齊長福 齊鼎甲 錢圪塔 張苗兒
楊學賢 楊學法 楊飛兒 楊銀飛 齊思孝
錢來喜 雷志清 雷元益 雷清連 孫千周
魏願兒 魏根願 朱郎兒 朱四元 雷興智[46]
雷福遠 雷福康 雷官星 李文會 李庚辛
李庚盛 崔巨興 崔鎖兒 藺恆泰 藺恆慶

---

46 賊圍郡城後，擾及該村。雷興智遣其子雷福科等集團打仗，已率家人各易新衣至渭上，見火起賊近，立視其家人三十口先後投河，而已即隨之。越日，興智之屍浮遠灘，衣帽如故，惟靴脫一隻。其子福科等四人均力竭陣亡，列前。其傭工姚中林隨主投河，列後「流寓」內。
《大荔縣續志》，卷十一，耆舊傳下，節義新編：雷興智，八品壽官，楊村人，唐將軍萬春裔。慷慨任氣，至老不衰。諸子孫曾，內外近四十口。同治元年，興智年八十有五。夏四月，回匪倡亂，興智屬家人曰：「我支繁口眾，逃外必流落失所，賴村有團練，賊至，壯者抵死禦之。」五月朔黎明，賊大至，興智令子姪輩偕團眾拒賊，自率老弱婦女，各攜新衣，避村東之陶瓦窰。左臨渭水，指謂家眾曰：「今日戰不利，此我家葬所也。」傍午，村中火起，賊馬紛馳，興智疾呼曰：「事急矣！吾家人萬不可被賊擄，速死為幸。」疾易新衣，趨臨絕岸，立視男婦老幼，齊投渭水。最後猶子福康扶其母，與智倚子福遠，同時撲水死。傭工姚中林與焉。時次子福科等已血戰死，惟福康之母拜氏與一孫女流至朝邑，經人救免。越數日，各屍浮露遠灘，興智冠頂袍服，一足尚著鞾。計投河死者：與智外長子福遠、姪佾生福康、曾孫官星與媳女孫曾共三十一人。打仗死者：次子福科、姪福祿、孫自朝、姪孫自蘭四人。通計一家共三十五人，並姚中林為三十六人。中林，澄之業善人，司與智陶務多年。至是，義不逃，死之。並入節義祠。光緒初元，吳學使給額曰：「忠孝節烈」。

崔九思　李時金　李時銀　朱永福　朱永祿
石振學　錢思賢　馬清兒　馬喜兒　齊小漢
齊三漢　吳喜兒　吳石娃　齊長清　齊午兒
錢學邦　陳發銀　王鐵拴　王閭兒　王來貴
王渭河　崔喬才　屈大才　錢直邦　尚四貴
石懷珍　陳大閱　陳四房　陳天清　陳福祥
陳天魁　雷長清　馬動兒　雷元德　齊思金
謝雄兒　李拴兒　李福起　楊自旺　藺懷禮
王佐清　藺喜文　盧志好　石根福　李廷花
錢永昌　錢永茂　崔巨孝　石　學

興平村

拜得朝　拜志公　拜志勇　拜志興[47]　拜官保
拜喜兒　拜魚兒　劉黑牛　張跟保　拜世平

---

47 拜志興，因救母連殺三賊，力竭陣亡。

拜進前
王喬兒
董全昌
拜靈寶
馬進祿
拜虎兒
拜朝麟
拜二良
拜世福
拜小髦
拜五奇
拜中奇
拜遇勤
張謀兒
拜九虎
拜中蘭

拜福祥
拜成漢
董鎖成
拜積成
馬春保
拜自學
拜丁娃
拜雙喜
拜祿兒
拜丙午
拜來兒
拜朝忠
拜元奇
拜四娃
拜壽吉
拜善言

拜都貴
拜邦兒
董虎娃
拜羣兒
拜會蘭
拜諸兒
拜瑞奇
拜良娃
拜復邦
拜年景
拜拴勞
拜士材
拜士甲
拜三會
拜天會
拜材奇

王羅子
拜祥兒
拜維祥
拜成兒
拜合寶
拜鳳麟
拜雙全
拜成仁
拜根眉
拜根堂
拜廷吉
拜耳兒
拜克允
拜丁成
拜濟邦
拜金蘭

王興兒
拜別兒
拜進寶
拜明登
拜克公
拜鎖兒
拜世會
拜復孝
拜髦芝
拜新奇
拜會昌
拜遇麟
拜集義
拜祥麟
王廷武
拜世彩

拜天元　拜樓娃　拜士兒　拜太兒　拜擇禮
拜升茲　拜三來　拜擇善　拜跟獻　拜中立
拜中要　拜楊合　拜揚華　拜中謙　拜中美
拜更來　拜世學　拜朝奇　拜文祥　拜常慶
拜玉慶　拜保賀　范居義　拜鎖鎖　拜跟年
拜方林　拜世雲　拜積然　張萬銀　拜振基
拜成迎　拜啞八　拜中和　拜皮兒　拜儺兒
拜盆兒　拜頁兒　拜保子　拜前邦

溢渡村

潘進良　潘長德　潘殿榮　潘廣德　張本智
王殿喜　吳明智　吳逢時　潘星雲　潘進會
潘旺水　潘六兒　潘世明　王水娃　潘寶成
孫扈兒　潘金寶　潘中良　白雙成　白智法
白念水　張進雲　張春娃　張臣寶　張分娃
楊雨水　張本興　張課娃　張得昌　張得元

張三元　張方囷　王明福　畦大連　畦大興
畦長元　王興蘭　王長命　王玉魁　張本賢
張全成　張根兒　張自雲　張茂雲　畦根元
潘官兒　潘三元　潘邦兒　潘賡揚　王春娃
潘維科　潘有子　潘鎖子　魚得財　魚喜兒
魚根來　曹日和　曹來成　曹問成　曹爾金
曹火娃　曹陽娃　曹自禮　曹自信　曹全武
曹長娃　白映魁　白映春　潘維新　潘寶子
張英運　張庚娃　魚自全　魚牛子　魚自登
魚卯來　曹天喜　曹來成　潘殿杰　潘長吉
吳君才　吳君法　吳明義　吳君良　潘增銀
潘復興　潘復全　潘進孝　潘新成　潘大連
潘犬兒　潘自來　潘新來　潘進錫　潘　第
潘江兒　潘春子　潘維讓　潘維賢　潘月仁
潘官成　王典中　潘廣祿　潘東寶　潘世科
潘進興　潘維嘉　潘山苟　魚合子　白掌珠

張鄉寶　張改玆　王同嚴　畦小會　劉六會
白根明　白學海　白學純　白永信　潘珠娃
潘得玉　潘裕英　魚得福　魚新海　樊魁子
潘進祿　張熱子　李清智　李旺兒　魚苟娃
魚耳兒　魚德懷　魚海兒　魚跟海　吳金福
吳君旺　吳君漢　魚江子　潘增秀　潘進起
潘增棟　張成東　張丕運　張根印　潘根子
白漲水

洪善村

魚致忠　魚太來　魚常娃　魚貴子　李時鳳
李改名　田永和　李喜兒[48]　魚化成[49]　田庚午
井豐子　魚雨水　曹宗祿　田增盛　田增信
田世才　魚得平　魚年生　井得意　魚興耀

48 李喜兒，連殺三賊，身被數鎗，假死，賊至陡起，復殺一賊，力竭陣亡。
49 魚化成，剌殺二賊，矛折，又搏殺一賊，被戕甚慘。

馬永法　田中桂　田三苟　田　合　曹廣福
曹廣祿　曹雙喜　曹鈔娃　魚夢珍　魚夢朝
田有良　田中清　田炎上　曹中平　曹興仁
曹宗仁　魚得儒　魚官兒　魚化鼇　魚來成
馬文祥　馬鳴條　田滋明　田　進　馬增喜
井道之　田興金[50]　田官兒　田拴苟　田廷正
李羅兒　李有才　李時貴　李時信　李騾子
李三根　李必昌　李長壽　董懷成　馬　仁
馬　義　潘維烈　曹日深　曹貢兒　曹三喜
曹宗智　曹宗信　曹年景　曹萬福　曹六子
曹得孟　曹問六　曹得花　曹炭娃　曹爾寬
曹紀娃　曹武謙　曹銀兒　潘瑞龍　曹永和
曹自法　曹爾法　曹爾科　曹炮子　曹宗姬
曹自仁　曹中魁　曹興邦　曹興業　曹自珍

---

[50] 田興金，連殺二賊，力竭陣亡。

曹日仁　魚拴住　馬學海　馬來寶　李　愷　李元和　李潤滋　馬思佑　馬鳴金　李煥兒　潘佩生　田猷兒　田　慶　曹金武　曹永福　馬文緯

魚清龞　范生花　田廷秀　潘復興　李　新　李生春　李文福　馬克家　馬學平　魚四四　潘寶兒　馬八成　曹根海　曹同武　曹爾習　田廷俊

魚三根　馬鳴鑾　田湛兒　潘根兒　李玉子　田廷蘭　李文秀　馬元娃　田萬榮　魚五五　潘桂娃　潘六成　曹武周　曹聘武　魚柱娃　馬尚志

魚自慎　田守桂　田會娃　潘五子　李中子　楊進忠　馬金魁　馬廣業　田卯兒　魚六六　魚新房　田增珍　曹呈黃　曹日清　魚套娃　安映德

范大財　田四兒　馬合寶　潘黍子　李文奇　楊進孝　馬懷理　馬學恭　李文呈　馬學魁　田東成　魚夢林　曹宗善　曹永祥　魚得閏　馬　禮

蘇村

趙世杰　趙世煥　趙福魁　趙發貴　趙發乾
樊貴忍　趙運盛　趙運祿　樊　新　樊　行
樊桂思　安丕香　安成兒　安東房　安忙之
安茂隆　安時金　安時銀　曹得寶　曹得宏
曹得金　王天祥[51]　王官娃　王苟娃　王玉顯
王甲乙　王海兒　樊學祿[52]　樊午子　樊跟午
周　造　周道兒　劉有成　劉九成　周文興
周跟洛　樊茂來　樊金生　劉紀娃　劉長娃
樊良積　樊良金　劉龍生　劉記成　王天錫[53]
王大典　樊學忠　樊三成　安周娃　安水兒
趙金泉　趙水成　樊應勤　樊應遠　安時溫

---

51 王天祥，與弟官娃、苟娃殺二馬賊，均力竭陣亡。
52 樊學祿，連殺數賊，被賊碎屍。
53 王天錫，與弟大典殺數馬賊，均力竭陣亡。

安貴生 安得孝 安得意 安居禮 安居花
安大興 安茂義 安君明 安鎖子 王清桂
王清法 安興魁 安興文 安廷昌 安跟娃
安振乾 安振坤 安廷銀 安五成 安振清
安來娃 安官寶 安跟寶 安三元 安記兒
安大寶 安三娃 安盛代 安紅娃 張懷瑜
張運旺 安進功 安年成 安和有[54] 安茂福
樊富金 樊富會 馬官成 馬桂子 安成益
安官成 安玉龍 安寶兒 王祿年[55] 王萬年
王馬兒 王中伏 王天才 王生子 王喜娃
王果兒 王天順 王和貴 王福朝 王福興
劉全義 劉根娃 趙邦平 劉玉鳳 趙運智
趙東來 趙豐合 劉自長 趙師道 劉佐清
劉來喜 樊祿祿 樊廷花 牛思祿 牛振儒

---

54 安和有，連斃二賊。
55 王祿年，與弟萬年連斃數馬賊，被賊碎屍。

劉遇忍　劉遇春　劉尚清　劉武功　劉丙銀
劉跟新　劉元福　劉興元　劉文虎　牛振中
牛際平　霍五兒　李時元　趙邦俊　趙運茂
趙廷茂　劉維林　趙卯兒　趙茂月　劉遇同
劉漢鳳　樊茂福　趙大元　劉居成　劉漢雄
劉大廣　趙孟貴　劉春桂　劉香桂　周永魁
周大起　樊桂法　樊鵬建　樊　明　樊三官
樊東生　樊東娃　樊丁酉　樊思恭　樊　積
樊丙花　樊學儒　蕭天喜[56]　樊學興　劉年景[57]
樊桂義　樊登坤　樊學福　樊跟元　樊跟兒
趙自信　劉漢輝　劉大盈　樊思信　樊桂霄
樊貴義　樊學明　劉漢才　樊鎖兒　安學有
安運隆　安運旺　安科兒　安興湖[58]　安得乾[59]

56 蕭天喜，連斃數賊，力竭陣亡。
57 劉年景，鎗斃一賊，力竭陣亡。
58 安興湖，連斃數賊，被賊碎屍。
59 安得乾，連殺數賊，力竭陣亡。

安茂偉　安進賢　安致祥　王貴娃　安元娃　安方喜　樊金元　王福祿　王相祿　劉佳杰　劉登第　劉合兒　樊桂中　樊鎖兒　潘　德　潘順娃

安車娃　安得武　安跟元　安進修　安黃耇　安和全　安官子　王平娃　王福掌　鍾懷清　劉五改　時玉庭　安映升　趙成兒　潘茂才　潘才苟

安福順　安德儒　安守魁　劉永威　安興元　安榜福　安運昌　王天豐　楊四合　劉學讓　劉彥平　樊茂興　安興成　安跟子　潘茂銀　潘三喜

安中成　安得相　安守江　樊清杰　安跟五　王葩來　安德兒　王跟成　王自來　劉佳恆　劉得娃　劉元祿　安興盛　潘　喜　潘茂興　潘問喜

安成娃　安茂相　安守義　安茂才　安守登　安進銀　王大榮　王中魁　劉全桂　劉水兒　劉羣娃　樊麥長　安合文　潘　成　潘麥娃　潘連寶

潘元德　潘茂喜　潘吉成　潘家娃　樊金成[60]
樊金法　樊記義　樊記信　樊豹子　樊清水
樊羣山　牛思忠[61]　牛維棋　牛維梗　牛步月
牛步清　牛南金　牛思聰[62]　牛維桐　牛運來
牛金來　牛南娃　曹得元　曹得恆　曹自虎
曹自福　曹自鳳　曹運亨　趙蕃兒　趙雨來
趙雙存　安茂德[63]　安振平　安俊彥　安俊儒
安興良[64]　安盛義　安慶娃　安慶元　安全進
安逢清　安逢漢　劉遇戊　劉向榮　劉向第
劉漢祥　劉大江　劉大海　許萬興　許九興
許興智　張全成　張新慶　張滿兒　劉世有

---

60 樊金成，先令婦女投河，遂率其弟金法並姪記義、記信及孫豹子、清水、羣山等併力殺十餘賊，均被礮傷。

61 牛思忠，時年七十三歲，督子維祺（棋）巷戰，均力竭陣亡。

62 牛思聰，時年七十九歲，督子維桐、運來及孫金來、南娃等巷戰，均力竭陣亡。

63 安茂德等，夾道堵禦，連殺數逆。賊大隊至，被執，賊磔其屍，擲火內。

64 安興良，連殺數賊，力竭陣亡。

劉世官　劉希哲　劉官喜　趙金丁　趙運開
趙運福　趙春來　樊東來　樊春娃　樊鵬翮
樊庚辛　樊　俊　樊瑞林　樊丁娃　趙運逢
趙寅兒　王德年　王天明　劉佳興　劉佳重
劉學顏　劉興科　張向福　張春發　張　合
張　勤　王　爵　王根興　劉五喜　劉揚寶
劉永全　劉永成　劉振興　劉祿兒　樊金桂
樊記仁　潘茂春　潘星瑞　潘根才　潘玉堂
潘萬成　潘名頂　潘四成　潘郎子　潘繼成
潘問成　潘桂娃　潘五瑞　樊賓揚　趙金通
趙自諒　劉興法　牛思義　趙運和　劉相禮
趙會成　劉希康　劉清福　劉漢花　劉遇祥
樊福才　樊忙成　潘茂源　潘茂本　潘蕃注
潘崇兒　潘王來　潘中元　潘福魁　安金柱
安跟第　安興桂　安玉中　樊進源　安問兒
潘　江　潘　海　劉清芳　劉漢治　安逢年

劉佳金
王大耀
王文彥
王相銀
潘　興
樊學銀
趙金簫
王興文
劉興露
樊中生
安純義
安耳物
安運泰
樊慶雲
劉漢注
趙孟全

安興賓
王天金
王文忠
劉丁火
潘寶成
劉佳雪
趙金鐸
牛際春
劉秉乾
樊水生
安漢漢
安得雲
王興隆
趙運隆
楊得福
劉相時

安興漢
王木來
王文義
樊阡子
潘自興
樊魁花
潘朝興
牛祥麟
劉秉斗
安映德
安金娃
安成興
劉漢龍
劉世金
牛文興
劉虎兒

安必成
王成顯
王諸騧
樊坤騧
劉清康
趙金昌
潘朝周
牛順起
周老實
安三成
安和平
安成玉
趙廷成
劉漢輝
牛興武
劉收娃

安運魁
王彥方
王喜騧
劉習世
周　連
趙金蜜
潘茂林
劉興霧
周六承
安純仁
安盛玉
安成顯
劉漢宋
劉清蓮
劉科兒
樊根生

樊桂柄　樊秉輝　樊卯兒　樊根子　安喜兒
安中伏　安太興　安茂有　張海兒　王福功
樊記昌　樊紀進　樊五五　樊耳兒　樊天賜
趙天來　劉清海　潘牆子　劉元愷　劉全喜
劉大壽　安興順　安廷興　潘五來　潘　桂
安茂仁　奕秉銀　趙順兒　劉琅子　趙運中

胡村

張大河　張小河　張長髦　張跟髦　張三髦
張元娃　張收娃　張房娃　馬成娃　馬茲生
馬來喜　張興家　雷春從　雷春蘭　雷覓兒
雷水騧　馬萬有　馬萬興　馬白紫　王金元
王春喜　王牆茲　馬恆豐　馬恆祥　馬秉俊
雷鳴春　雷鳴田　張玉田　張辛騧　趙雪騧
趙三頁　馬庚寅　馬初子　馬游山　馬中連
樊雙成　樊庚成　王泰來　王三苟　馬步雲

馬耳物　王金足　王樓事　周春福　王昭騶
王百萬　王武林　張玉璋　張玉堂　馬順心
馬春娃　張漢有　馬玉長　馬陽生　馬鴻喜
馬　覓　馬秉金　馬春昌　雷根銀　馬有娃
馬拴騧　馬三元　王忠興　張興家　周邦俊
馬丁長　張萬子　馬永法　馬世耀　馬望喜
王米桂　雷採蓮[65]　雷跟成　張西生　馬得功
孫俊彥　孫順喜　孫雙喜　張祥龍　張慶娃
張金寶　張金有　王世廣　王世成　王春朝
馬德義　馬朋元　馬朋輝　雷秋娃　樊福英
張世順　張秀蘭　張跟林　張馬居　馬永萬
馬記合　張興林　張赫娃　張風臨　樊壽娃
樊木林　王太林　王琴舫　馬朱成　馬迷鹿
張彥發　張眼記　張漢廣　馬文玉　馬福元

65 雷採蓮，連斃數賊，被賊礮傷。

馬世貴 馬漢海 馬開祥 馬雙官 馬喜生 馬希賢 張佩環 馬自申 張玉清 馬自興 周雙會 孫天慶 馬東鄰 馬貴貴 張茄娃

馬三成 馬王寶 雷應聲 馬育恩 張漢龍 馬鵬舉 張佩信 馬合和 馬自清 馬常娃 周元子 孫小成 馬德功 馬恆謙 雷彩申

張秀全 周兆霖 雷申娃 雷開運 雷興雲 王忠和 李喜成 張振全 周春祿 馬喜昇 王有娃 馬紀生 張五臨 馬恆喜 馬杜娃

馬自警 周雙合 馬自忠 雷應遠 雷開昌 王成程 馬自合 馬雙喜 馬火林 周世治 王森林 馬官寶 馬良娃 馬天麟 馬景魁

張漢才 張瑞龍 馬自省 馬維和 馬盛元 張佩全 馬七娃 張漢朝 馬士超 周金雷 孫年喜 馬月盛 馬鳴雲 張振基 張繼傑

孫振秋　馬自順　樊己丑　馬明福　馬金福
馬重元　馬志文　藺紹烈

南鄉北莊村　馬福慶　馬步雲
馬雲路　馬永義　馬永思　馬永恩　馬雲各
馬喜生[66]　劉彥治　劉丙戌　劉目娃　周士法
周寬娃　周三頁　馬根定　馬成娃　馬宏娃
周元智　周德娃　周勉娃　雷三成　雷銀娃
周士功　周士念　楊起元　楊起泰　劉四娃
劉五娃　周元善　周燕娃　劉錫丙　周元鳳
藺學儒　盧永年　周廷鈞　周廷壽　周元桂
周元起　馬雙成　劉錫麒　馬奇娃　馬赫娃
李生春　馬步秀　楊起福　馬增榮　李銀兒
藺東冬　藺成福　李　榮　楊合義　馬　鐸

66 馬喜生，連殺數賊，被賊碎屍。

馬棟梁 馬六綠[67] 馬五林 馬理乾 馬步鼇
馬漢章 馬漢烈 周廷良 周坎娃 周元坎
周元魁 周金娃 周桂貴 藺恩年 藺喜娃
馬步全 馬元方 馬元德 馬奠平 馬保娃
馬永春 馬集義 馬漢荀 馬萬鼎 馬官印
馬遇乾 馬珍乾 馬赫閭 劉三娃 馬永銓
藺懷銀 劉景錄 馬坤娃 周元渭 周士河
馬志剛 周元成 周臘娃 馬俊乾 馬中驥
馬增輝 馬萬才 馬壽娃 周元會 周廷選
周廷欽 周元喜 藺化寬 周廷棟 周士秀
周元清 馬三官 王聰根 藺元興 馬步月
馬永信 馬永棟 馬步正 馬步江 馬步會
馬萬盛 周牆娃 周士漢 周士忠 馬步治
馬萬新 馬永康 馬建功 馬林桂 馬萬英

67 馬六綠，連斃數賊，被賊焚屍。

大村

宋崇琛　宋國裕[68]　宋國和　宋作明　宋英儒
宋　棫　宋　樞　宋雙合　宋賫來　任福來
李復曦[69]　李集午　李集鷞　李子誠　李集實
李步清　李集豐　李命三　李集福　李時全
李集元　李集新　李復成　李集介　李集清
李培智　李培仁　李培義　李順生　張懷萬
張懷銀　張維榮　趙天純　宋賓來　宋武林
潘文甲　潘居廉　潘興文　潘繼聰　潘逢元
劉星黎　賀振春　賀振萬　齊鋒娃　賀六娃
劉天德　王雙成　同輔皆　白相曾　楊學忠
楊學義　陳官太　畢海發　謝日來　馬有智

---

68 宋國裕，年七十餘歲，罵賊受害。

69 李復曦之母李趙氏，死未及葬，猶逆徒至。時有勸復曦逃者，泣曰：「母死矣，逃將焉往？」因誓死禦賊，命其子集午等逃，子去而復歸者再，遂先後殉難。

石廷桂　石廷升　石廷級　邊錫珍　張士龍
李金林　王金發　牒成兒　張作杞　張書簡
張書年　張維京　張成汝　張中環[70]　張崇智
張緒娃　張恆發　藺春發　張汝信　張汝奇
張乾坤[71]　李秉瑜　李秉坤　李蔚陵　李慎三[72]
李復積　李添喜[73]　趙重爵　趙奠璽　趙思道
趙六合　趙思位　張興新　張汝懷　楊一元
楊作楷　楊一蘭　張汝陽　何開義　何復金
李長經　李自發　李生春　李集珍　趙佩瑤
趙佩琇　趙佩琳　趙思恭　趙林娃　趙收成
趙正岐　趙天祿　朱登霄　趙正祥　趙天鈞
趙正吉　陳玉泰　陳木薩　陳桂森　趙振渭
趙振福　趙德玉　趙振第　趙正忠　藺維蘭

70 張中環，因父成汝被圍，奮力巷戰，均力竭陣亡。
71 張乾坤，因救母巷戰，力竭陣亡。
72 李慎三，因父蔚陵被圍，奮力巷戰，同時陣亡。
73 李添喜，因父復積被圍，巷戰力竭陣亡。

齊向榮　李集玉　李子賢　李復玠　李復奎
李復元　何維屏　藺豐年　何照先　何萬起
朱甲德　謝　貞　趙邦禮　楊德茂　李　強
謝天恩　李崇吉　嚴士誠　李復滋　謝炳彥
李復秦　魯進才　魯盛才　李敏中　史盛發
李集典　張　祿　李炎英　張　功　王廷榮
王庚貴　楊增魁　楊六三　趙繼烈　趙天有
趙振甲　趙泰來　何景龍　何兆清　雷泰娃
雷丁娃　何兆顯　何兆立　朱清蘭　何康凝
何萬福　何開元　韓一倫　王加霖　潘　燾
潘維彩　潘際德　潘居忠　朱佩環　潘興極
潘春娃　潘瑞臨　潘海娃　潘繼烈[74]　潘建元
張云吉　張大田　張忠信　張　元　張居禮
張懷珍　藺發家　藺元榮　趙全升　侯廷榮

---

74 潘繼烈，因救母被執，不屈受害。

張作義　張鼎新　趙建科　趙建極　趙春朝
何懷德　何運武　侯廷華　張繼祥　何國治
楊耳物　何丁娃　楊義興　何正順　趙海生
張雨順　何清玉　何湖玉　何中林　趙全茂
趙新娃　趙運生　趙全盛　趙赫娃　何二椿
何海娃　何昌茂　何元娃　藺忠心　藺宴娃
藺跟宴　王有娃　王森林　何春來　藺養娃
張繼成　張崇蘭　楊名津　楊名魁　楊名淮
楊名福　趙佩璽　趙佩奠　趙德昌　朱登瀛
馬德玉　趙羊紀　趙玉道　趙正臨　潘玉衡
潘繼顯　鄭作霖　潘中馨　趙思有　趙思永
潘永萬　潘興德　潘麥娃　潘興玉　溫起學
胡　升　潘居順　潘維耀　潘元元　潘珠珠
趙正福　潘必進　趙日仁　李安邦　李集芹

朱宏謀　朱大旺　朱寶仁　劉士武[75]　趙奠居
趙天佑　張紹新　趙元元　趙履中　徐帶和
李生碧　李培聰　李生文　馬應聲　權建德
韓新智　薛端陽　趙正林　李順元　李金福

南鄉 南莊村

藺成金　藺成銀　藺來娃　藺鳴春　潘繼福
潘繼壽　藺自忠　藺學農　藺自廉　藺耳物
藺學孔　藺秉心　李生爽　李秉正　藺德貴
藺德興　藺德林　藺廷芳　王雲杰　藺思敬
藺元榮　藺秋兒　藺重陽　藺玉純　藺三年
藺四髦　潘繼祿　潘灘紗　藺積玉　藺英娃
李敖娃　李三喜　藺生蘭　藺羣娃　藺學信
藺學智　藺玉海　藺花苟　藺老實　藺成有

---

75 劉士武，因救母受害。

藺成福　潘繼隆　李自榮　藺自節　藺學孟
藺成德　李秉春　藺金祿　王萬子　楊義清
藺成祥　藺明印　藺君榮　藺佑君

小寨村

楊述娃　郭三元　田根福　張藏兒　王根來
張居壽　陳永壽　王慶兒　張三更　張庥子
張瑞昌　王景效　張鳳翔　張金鎖　王戊寅

堰城村

李春榮　李勺森　李庚生　李有立　李永安
李映福　李　袒　李元美　趙萬喜　李世秀
李世金　李世杰　李世疆　李元安　李進財
楊雙兒　李永信　馮祥兒　馮天心　董筆花
李遠貴　李跟經　李五懷　李　銀　李亦白
李映辰

長城村

李定兒　陳　和　張麥黃　陳國治　雷一聲
李咸春　李徽典[76]　陳赫兒　陳三慶　陳福慶
陳常兒　陳小五　謝萬有　謝步雲　李庭僚
李長俊　謝步太　李興年　李華州　李思誠
李芳芝　李廷耀　陳六兒　陳七兒　陳福年
陳六成　李　榮　李　茂　李振西　李振魁
謝增錫　謝永錫　李永壽　李進元　李同元
李廣元　謝復興　謝金斗　李成梁　李祥兒
唐　璧　唐同管　張奉先　陳大全　李生旺
李春發　李五成　張新靈　李永升　党祥兒
孫鼎元　李振江　李連收　李長壽　李廷萬
李邦奇　李思清　陳玉鎖　郗清治　李鳳傑

---

76 李徽典，年七十餘歲，具衣冠，持杖擊賊，被執，大罵遇害。

謝盛錫　謝慶錫　李金年　李樹義　李懷禮
李和清　李和昌　謝揚錫　謝有錫　謝孝錫
謝庚午　謝應福　謝步月　謝芝英　謝步華
李科德　李有兒　李來喜　李新成　李長清
李魁兒　李正志　謝有興　謝三來　陳開印
馬均秀　馬鴻印　苗宋兒　張東成　党慶來
陳六一　張九千　張雙保　馬楮茅　陳一良
張別兒　党玉春　党祿慶　李如祥　李　俊
李廷泰　王慶兒　李世興　張課兒　李增裕
李正才　陳振鰲　雷春興　李　惠　李芒成
李瑞貞　雷春茂　陳思友　陳思昌　陳思才
路步清　張一九　張三鈍　齊衛元　苗送兒
陳平定　陳報紫　齊朝盛　陳齡兒　党玉成

豐家村

路步林　路平水　苗雲忠

三中村

馬福明　馬振德　馬顯貴　馬甲惠　馬酉兒
馬成玉　馬福林　馬根兒　王猷兒　馬　亮
馬　仲　楊汝為　楊長喜　楊恆興　楊汝命
楊金元　王清興　王宗才

柳池村

董大順　王長鎖　王俊立　王官兒　曹興章
王克岐　王大經　王道嚴　曹思熙

柳池營

陳跟寅　方永祿　胡紹虞　曹玉慶[77]

---

[77] 曹玉慶，為長城村孫姓傭工。主人臨死，托以孤寡，至是義不肯去，遂遇害。主人之妻、子賴以免焉。

黃家莊

葉同春　畦維興

尚錫德　尚朝山　翟福來　崔舞蛟　王辛酉
王春元　崔福寶　崔臨潼　王永泰　王三餘
王　振　崔萬寶　張永乾　王學科　王三來
高問年　崔四寶　張廣文　王七虞　高廷福
崔五寶　張五柱　王永積　王五成　崔善繼
崔祥兒　崔仲春　張豹子　趙茂鳳　齊義瑞
王　楷　党長庚　党泰清　党維清　党水兒
尚崇愛　尚福鼇　尚福滿　尚福慶　尚配德
尚蓋兒　尚興順　尚椿春　尚長齡　崔春慶
尚懷林　尚　志[78]　呂資泰　呂資盛　呂庭楹
呂學仁　高宗廉　呂森茂　呂榮子　呂庭福
呂資財　陳彥禮　陳彥寶　陳積善　陳鎖兒
陳根兒　雷祥雲　王有兒　曹中起　曹連興

[78] 尚志，痴於書，性甚孝。家極貧，親死無力廬墓，每日夜必一往，風雨無間。賊至窗外，尚聞誦聲，被戕於書案前。

王祿兒　王銀貴　王雲興　王有聲　王嘉喜　高永文　高福春　高玉魁　高新泰　高福振　高元莊　高端陽　高鎖來　崔懷彥　王六成　雷金聲

党長泰　王貴陽　王嘉彥　王連兒　王中三　高永義　高照榜　高廷澤　高宗榜　高福信　高廷芝　高宗友　高鴻福　崔宜慶　五林武　雷鳴春

王戊寅　王玉林　王永之　王盤喜　王喜清　高宗連　高金鎖　高照盈　高宗廣　高慶元　高永財　高宗房　高新興　崔春春　王新館　雷長生

王廷壽　王金林　王妙兒　王攀榮　王成本　高福喜　高福斌　高照林　高銀貴　高福魁　党永祥　高宗嶽　周　忠　王大炮　王福來　雷春生

王崇興　王統三　王小元　王新喜　王金水　高宗澤　高根信　高宗林　高正亨　高福登　高清兒　高宗明　崔登壽　王慶元　王根朗　王新廷

王三廷　王福慶　張定法　党懷清　王問兒
王運慶　王學積　馬步清　王景春　王福有
雷祥雲　王　永　王金苟　王有兒　曹科兒
曹拴住　張長壽　王五九　王投來　崔海林
崔瑞林　崔馬兒　崔馬保　崔景祿　崔四來
崔來會　崔丁桂　崔根喜　崔初子　崔會元
崔長兒　崔玉堂　崔春子　崔京相　崔官福
尚舍良　尚困子　蘭起魁　張起元　尚呂子
尚庚辛　尚保兒　尚秋喜　張根兒　張官兒
王留兒　陳福兒　尚根保　尚道兒　鄭茂來
党旺葩　尚中兒　尚成仁　党流兒　崔雙喜
張懷良　王永鑫　王九齡　高綱子　崔世讓
尚芝南　鄭三榮　張起元　崔辛酉　党淡兒
王永積　党泰兒　党相兒　王永魁　王魁元
劉彈將　雷春生　齊孝兒　王長春　王新庭

葉家寨

曹文元　葉德祿　葉生材　葉生枝　葉生桂

常家坡

長統孝　長見平　常百中　雷萬靈　雷萬玉
雷喜泰　張可萬　張更兒　張年兒　長德健
長步賢　長平兒[79]　常廷珂　堂廷瑞　常廷印
常百齡　長德悅　長步慶　長定住　李新益

唐家寨

唐丙戌　唐閏九　唐作廣　唐丙申

許莊村

魏金良　王夢花　王撐兒　張經制　李凝泰

[79] 長平兒，因護母遇害。

王相兒　張　欽　張庭深　魏丙午　王夢元
沈福明　雷生法　王家驤　馬辛巳　王金貴
李　俊

呂曲村

路成英　路垣義　路應門　路忠成　路遇成
路閏成　路復榮　王制定　路京章　路京福
路輝展　路清僚　路務本　路有信　路有芒
路鎖崇　路重三　董　斌　王學純　王允中
王萬青　王萬頂　王振有　王　漢　劉　興
路曾花　路紀武　路方定　路九鵬　路紀林
路科舉　李益謙　李明謙　李根芒　李甲申
李甲瑞　李百經　路新興　路薦梓　路榮福
路偉人　路庚申　王玉良　王德福　王德魁

周家堡營

周世英　周經清　周年道　周葫蘆　張王來
周信元　周義德　王日德　李廷雲　周嘉正
王沛旺　王根九　王日魁　周有勤　周佩同
周考來　周牛兒　周苟娃　周呂娃　周元盛
周元寶　周芝仁　周新泰　周安穩　周大鵬
周義泰　周壽林　周明盛　周福財　周榜勞
周昇財　周俊財　周玉財　周獲兒　周考兒
張　全　張慶雲　張武元　張經武　周有體
王日州　周太祥　周金合　王元起　周佩華
周福保　王元桂　周泰慶　周喜才　周根舍

周家寨

周元宵　周金福　周全福　周金公　楊嘉安
楊　邦　楊長兒　楊法兒　王根元　周福兒
周根良　周竹林　周同喜　周鷹兒　周五福

周彥福　周雙成　董唐兒　周順陽
張會元　王苟來　董年兒　張新春
張邦兒　王跟苟　董祿慶　張喜林
張貴桂　王犬苟　郭玉清　張方成
張更新　郝元門　周順成　周卜春　賀九耆

仁莊

張興平　張永新　張牛兒　張新莊　張學哲　張善林　張大才　張三喜　張隨元　張酉兒
張興順　張金成　張　元　張學綱　張得成　張伯榮　張學宏　張遇道　張四兒　張恆心
張積財　張來欽　張文理　張提新　張金生　張文烈　張枝華　張甲兒　張九兒　張自新
張序兒　張五喜　張銀慶　張三定　張金鎖　張伏兒　張善恆　張甲祿　張秀智　張五貫
張祿兒　張萬兒　張學昌　張萬年　張少第　楊煥成　張　再　張玉秀　張善義　張慶福

張德耀	張小第	張興來	張荀勝	張來紫
任有來	雷逢春	賀之河	賀之江	張　凝
張慶餘	張第兒	張德福	張得萬	張喜齡
張遇道	張　源	張來蘇	張德明	張榜兒
張登雲	張根排	張莊紫	張魁兒	張高兒
張苗杜	張根成	張德昌	張問月	張慶樓
張玉生	張朝兒	張集賢	張瑞興	張順平
張四貫	張貴生	張興元	張一新	張教兒
賀癸未	賀癸丑	賀佩錫	賀佩龍	雷來祥
徐　慶	徐　源	賀進德	賀國風	雷新春
賀五德	賀金鎖	賀鳳耀	賀先德	賀希漢
賀瑞廉	賀步元	賀錫魁	賀萬全	雷生春
雷學蘭	賀國釗	賀萬祥	雷　森	賀山漢
賀賢鳳	徐　山	杜喜來	賀貴德	賀慶兒
賀來慶	賀國龍	賀積仁	賀積義	賀國儉
雷　銑	賀經德	蒙兩喜	蒙文海	蒙文義

賀居才　賀居貴　賀黄耇　賀居恭　徐　鼎
賀居敬　賀居謹　賀伯榮　賀善富　賀全春
呼朝進　楊裔豐　楊學賢　賀善積　徐來兒
張新友　賀永福　楊年兒　李盧子　賀啟盧
賀進朝　賀積玉　賀玉麟　賀萬興　賀三積
張懷錫　呼實娃　呼伯植　呼舉華　呼福崇
呼鎖子　呼世秋　呼朝棟　賀玉景　賀三娃
張世元　賀良栽　賀玉虎　張懷義　張天寶
董全興　楊鴻禧　楊生耇　賀新潮　張新吉

雁裔村

郝成春　張耀武　張德魁　張福魁　張家瑞
張向信　張向成　張自得　張德成　張自興
張自春　張向福　張北耀　張星全　張德元
張印川　趙新喜　張寅善　張鳳魁　張金兒
張福丙　張成功　張新春　張向璽　張朋慶

張元壽
郝四成
張步龍
張步公
賀月成
徐福壽
劉金生
郝邦德
張彥兒
張　建
張跟鎖
劉長貴
劉興祿
張芝芬
張德保

張來成
劉廷昇
賀開金
張恆春
張元成
尚廷鳳
趙居榮
溫克讓
許成和
張振廷
張信芳
任福林
張向乾
李昌吉
張德壽

溫克遜
張長魁
張　進
張繼芳
張八萬
劉廷玉
楊金兒
張向鼇
許興旺
張　魁
張宗芳
李昌茂
劉　忠
張世春
張德祥

閻自貴
張中和
張　德
張啞啞
張壽才
劉永年
張　倫
張向璽
許成林
賀開銀
張興芳
尚全之
張玉芳
張得明
張德有

郝永春
張步蛟
張積兒
賀三楹
徐福榮
張向榮
張　京
張元芳
許德興
張長春
許萬盛
劉雄兒
張　祿
張跟慶
張逢慶

張德明　王四成　張爾英　張德愛　張章成　王拴兒　趙振喜　趙魁兒　張苟盛　張全福　溫銀定　王慶來
王錫華　張宗仁　王　有　張登貴　王　學　張榮兒　趙萬山　張德讓　張種兒　張德全　劉廷鼎　王佛管
張起會　王貴興　張孝午　張德信　張有祿　張永吉　趙俊德　張登全　張登兒　張新兒　尚廷鳳
王四常　張宗義　王新興　張登華　王五兒　張貴生　張德昌　張登節　張錫元　惠祥兒　張天成
張德馨　王金魁　張祥林　張德清　張如兒　張金魁　趙方俊　張伯載　楊柱兒　楊茂春　張福春

胥家寨

雷萬祿　雷官保
馮攀壽　雷柱兒
雷金虎　雷閏喜
雷獃子　張庚兒
康鳳儀　張獃兒

馮牛兒　馮四才　馮六才　雷庚寅　雷五子
雷武兒　雷印生　胥鐵兒　胥金兒　馮得之
馮來祥　胥跟成　雷秋來　雷四來　雷六來
雷金芝　雷戊寅　雷武成　雷麥來　雷孝兒
雷丙兒　張來朝　馮貞子　胥學英　張萬年
張斗兒　雷進良　雷江兒　雷官之　馮創娃
馮五成　胥學德　馮　法　雷來之　雷　興
雷金雨　馮錫官　雷小保　張　銀　馮世福
馮攀縣　雷　順　胥　庫　張萬載　胥　滿
雷興合　雷興魁　馮　辛　雷　雨　張萬福
馮邊廷　雷廷兒　陳官來　張考兒　張來成
馮雷喜　馮慶兒　馮太兒　雷成子　雷新春
雷玉秀　雷朝兒　雷　清　雷　善　雷萬有
張元福　張元祿　雷進才　雷思義　雷　馴
馮世全

党客村

馮長明　馮福成　馮丙魁　馮貞祥　馮五喜
馮益林　馮德祿　馮廷雲　馮永福　馮隨寅
馮申寅　馮廷璧　馮祥兒　馮丙辰　馮北海
馮京來　馮月昇　馮廉生　馮遇生　馮長江
馮來慶　馮新生　馮遺生　馮積鼇　馮根蒼
馮季春　馮長鼇　馮欒子　馮朱兒　馮官官
馮全智　張薦蓂　張薦蒲　孫彥魁　孫彥邦
孫彥明　孫連璧　孫全璧　孫紀林　孫瑞林
孫興文　孫廷瑜　馮元甲　馮元瑩　馮丙午
馮丙炎　馮長華　馮滿子　柳福魁

堡村

張奎元　董學讓　王魁兒　張　智　董新喜
董定門　董年喜　董　和　董財喜　董相兒
李慶元　王正元

楊家莊

雷斗兒　范保成　王錫極　王錫紘　王興財
王慶餘　王德榮　王　偉　王振奎　蘇維有
成遇泰　崇金斗　張金兒　王榜兒　陳　興
陳　裕　雷文發　雷長貴　范自得　范金苟
王心房　王　煒　范福元　范大美　范長清
王文貴　王文孝　王新年　王英時　党金福
成三承　王萬順　王　義　楊維慶　楊維祥
范餘兒　范玉來　范平兒　范記兒　范恆兒
范更兒　范來豐　范三喜　范丙兒　范卯兒
范新春　范鎖兒　范方鎖　范新夏　范葆成

新興寨

王慶餘　王樹滋　王新元　姚　愷　張新成
周元福　高萬興　馮雙林　王　喜　高世元

王振潘 郭寶旺 郭才兒 郭起龕 王興來
曹平兒 李季春 李鐵兒 李長春 馮　彩
馮木林 李新興 李克芳 李新昌 李申兒
李同州 李景祿 李乾升 李瑞祥 李慶兒
李元朝 李犬兒 李元紀 馮成貞 馮　茂
郭起瑞 王　成 王　朝 高萬成 高問成
酆進孝 郭仁義

新莊村寨

程來成 趙廷杰 凌　風 張積興 張茂堂
蘭天錫 張福興 張會長 張受來 張增恩
張福信 張興才 張月智 張月德 張月仁
張金德 張玉鎖 張福兒 張應祥 張思昌
張思秀 張天巍 王成連 徐羅子 王福盈
王學謙 王學遜 王學恆 王新隆 柏同壽
趙元順 趙元成 張來祥 杜君武 王銀良

王廣興　王邦兒　王永有　王開門　王興財　王朱兒　王　敖　王貞祥　王桂生　張　漢　王　三　凌　坤　凌福壽　劉三元　王　林　董茂林

徐升順　王新煥　王喜增　王新四　王興成　王來兒　王水有　王斗兒　王辛桂　張春林　王五兒　凌福旺　余貴兒　劉清兒　徐東喜　董隨喜

徐福秀　王永年　王　珉　王新創　王卓兒　王水來　徐福元　王永濟　王連桂　張三學　凌來鎖　凌興旺　凌長年　凌　柱　徐雷喜　程有賢

徐福玉　王三興　王　南　王牆兒　王玉成　王福申　王治家　王全興　張來積　柏得福　凌小鎖　凌長興　董慶成　凌　記　韓瑞林　李福興

王庚兒　王苟盛　王　發　張宗澤　王根成　王福魁　王石五　王全年　張元封　王萬昌　劉懷德　凌福泰　凌雪林　凌　管　董珠兒　董福林

董　海　董秋兒　董百萬　董遇春　凌春元
董遇有　董　禮　韓銀成　凌玉柱　凌卜郎
韓純兒　董大本　徐福元　徐福來　王致平
王寅兒　徐方盛　徐方德　王有兒　王　玉
王萬財　王物兒　張　連　王來林　凌一元
凌堪任　凌長隆　凌長盛　凌紀兒　王福至
王喜才　王馨兒　王永桂　徐六林　王省兒
王　順　董隨起　董今元　董今秀　董桂林
董益三

漢村

梁恩印　單元貴　張得成　胡盛林　胡自成
王得朝　韓中平　韓三兒　胡玉郎　胡進喜
趙新命　趙崇來　趙鎖兒　蒙作成　趙吉慶
張來兒　趙三兒　胡慶祥　王鳳元　康際泰
康介福　趙得仁　[redacted]　趙養源　趙有成

趙元信 趙全信 杜興太 康新得 党全兒
趙清婁 趙定兒 趙別兒 趙牛兒 馬金鑪
馬凝元 趙廷主 趙木兒 趙五郎 梁鎖兒
梁鳴瑞 趙天申 趙生輝 崔　彬 崔林兒
馬斯才 石望京 石永貴 胡文江 胡世京
單兆清 單文翰 王金合 趙來祥 馬騰林
姚學孟 姚成基 姚益臣 姚丙福 姚新泰
姚保之 姚　昕 姚　福 梁遷喬 姚　釣
姚俊秀 姚新元 姚韶華 姚允太 姚祥林
姚茂林 姚大年 姚大潤 姚午清 姚嘉會
單居芝 王漢興 姚周玉 姚廷秀 姚益凝
姚喜清 姚廷勳 姚廷恩 石蔭模 石元定
胡小和 胡同興 胡雨來 胡兆業 王豐元
胡五兒 胡潤來 趙廷義 蒙入科 蒙昇林
趙遇來 趙隨場 趙繼庚 張根成 趙金蒼
趙隨樓 趙新安 趙學積 趙紀春 趙學喜

趙庚午　趙邦榮　趙居恭　趙四牌　趙紀彥
党景太　馬根朝　馬　彥　馬重陽　馬福泰
馬福有　馬車兒　馬拴兒　馬魁娃　邵剛兒
邵義合　邵　秀　邵干兒　邵居恭　石流兒
馮順香　馮有詢　趙喜孝　劉自昌　劉吉祥
蒙　周　蒙　太　蒙伏仁　蒙丁成　蒙坐成
蒙計印　蒙隨兒　蒙彥兒　趙麥昌　趙生蘭
姚庚午　張更喜　劉玉林　劉魯林　蒙丙兒
蒙雷林　張成年　王天順　趙新明　胡鍾秀
趙王來　趙柱兒　姚　鑒　姚寅辰　姚紹芳
韓星仁　石　垚　石尚義　康際順

義井村

王起家　王兆成　王　銘　王志奎　王和積
王金和　王振江　王　恂　王　愔　王敬儒
王克振　王建祿　王邦學　王建邦　王天培

王德新　王興武　王正祥　王春生　王更新
王秋成　王一清　王芝階　王一新　王德敏

白馬村

楊慎言　楊雪兒　楊振懷　楊臘平　王成祥
李鳳德　李元蔭　李三平　蘭克聲　蘭文守
劉君名　楊慎行　劉常海　葛懷清　葛德清
李新吉　李新雨　李新封　藍春齡　劉長英
劉來慶　王房兒　王根年　劉錫經　王　月
蘭會兒　劉根壯　劉票兒　王國珍　王全喜

白猴村

任宏忠　江長仁　王世琇　紀永知　任季茂
紀文才　紀有清　紀文祥　江明銀　舒積玉
舒積金　紀金成　任月長　任月合　任月德
紀進福　江金水　紀永年　江有兒　江天明

王印紫
梁六兒
張長太
王五福
梁福道
梁煥明

王福喜
梁振基
曹余兒
任黑子
梁鳳祿
梁煥星

王福全
梁鎖兒
張福成
任洛兒
梁時兒
梁煥照

梁振忠
梁四元
江太兒
師玉柱
梁跟時

梁卯兒
張新長
王會兒
梁均喜
梁　全

白猴屯

梁福滋
梁君興
梁進英
梁科任
梁正興
梁金元
梁振宅
梁正午

梁好善
梁文蔚
梁三來
梁振祿
梁正元
梁金亨
梁正花
梁方隆

梁好樂
梁長清
梁進元
梁根根
梁正中
江朝來
梁正合
梁振玉

張遐齡
梁煥廷
梁進福
梁正璧
梁振升
梁跟朝
江全生
梁正容
張金鎖

張長齡
梁君清
梁平治
梁登任
梁處周
梁振綱
江貴生
梁正坤
張登皆

張登金　張登雲　張登春　張常德　張德兒
張登明　張牛兒　張方喜　張浩祥　張赫勿
張根子　張登榜　張登福　張長凝　張雙喜
張爾玉　張爾安　張奇齡　張慶林　梁金兒
師庭壽　師庭年　師命子　師庭福　師庭連
師庭選　王世瑞　王世坤　王銀生　王貴生
王夢東　王兆子　王艮兒　任三喜　任長鎖
任德成　任崇兒　王世德　舒兆花　舒川來
舒問成　紀嘉魁　舒萬年　紀士福　紀有德
紀衛來　舒　林　任長春　任保慶　紀林兒
舒景祿　舒景斌　紀嘉賓　紀金玉　紀金德
舒景悅　舒時兒　任月太　任月芳　任全慶
任清兒　任經兒　任月桂　任月輝　任宏順
任立秋　任舜兒　任宏義　任月秀　任金祿
任銀鎖　任月光　舒來兒　舒小來　任月順
江福來　江四來　王喜兒　紀中慶　紀　昌

紀卓子 江福慶 江明貞 曹興魁 王建和 張秋成 紀永宏 紀錢兒 紀貴生 紀小長 紀根連 紀世有 紀文登 江朝棟 江廟兒 江積堂

紀貴兒 竇四虎 江明秀 王有福 王　選 曹效兒 紀登喜 紀　升 紀俊秀 紀勝兒 紀文光 紀木成 紀文理 江朝玉 王卯子 江長兒

紀福兒 江明章 曹全生 王錫敏 王　德 曹　西 紀永貞 紀　善 紀　麟 紀永芳 紀根明 紀小元 紀月三 江五琯 盛玉倉 梁年經

盛喜太 江明耀 張福鎖 王建興 王　棟 汪廣兒 紀永金 紀新莊 紀　鳳 紀文麟 紀桂生 紀永還 紀六兒 江祿娃 盛茂清 張滿兒

江來兒 江明烈 曹慶兒 竇榜住 王跟住 紀文武 紀文友 紀年京 紀　雄 紀文安 紀平娃 紀考子 紀文輝 江道兒 盛年喜 梁恪忍

馮村

董文清 董文富 姬三兒 董崇祿 李潤玉
董長祿 董印玉 李君德 董磬宜 李名久
董來之 董福壽 董保兒 董福隆 董楊兒
李敬止 李鵬九 董天柱 李才秀 董含銘
李鳳賢 李永祥 李俊賢[80] 李再往 喬德保
李永春 李永義 李永長 李福雲 李十道
李有倉 李同道 李有用 李宗平 李宗式
李寶定 李新順 李明兒 李庄兒 李春有
李四定 李逢源 李旺寅 李汪兒 李俊兒
李士韋 李貴麟 趙鎖兒 董逢辰 董鳩五
董用五 董文典 董長生 董印川 董玉田
董福謙 董元德 董元印 董新來 董新泰

80 李俊賢，因護胞叔受害。

董緒長　董長明　董五德　董純福　董來成
董來星　董　均　董玉讓　董　玉　董靈獻
董瑞喜　董積春　董　江　董　義　董兆元
董兆魁　董明兒　董三明　董隨明　董福明
董福林　董續林　董金兒　董時兒　董　官
董錫炳　董聚泰　董長進　董崇福　董紹春
党定邦　康進來　董柿林　楊永興　李再兒
李新年　李士福　姬自成　董七兒　董元興
董新第　董連登　薛四成　薛綱子　薛方成
薛瑞臨　薛　述　党呆兒　党自成　康永年
黄元炳　党佛保　黄元興　楊永德　康賴苟
康方成　康元朝　康有兒　康寅兒　党進忠
党雲章　党　懷　党慶林　党惠子　党來喜
康建勳　康林兒

胭脂山

劉春德　劉慶福　姚慶邦　姚慶雲　姚遇春
韓興起　[redacted]　張存兒　韓興祥　韓興業
韓興發　韓官準　張跟牛　李祿元　張增先
王元春　常太秀　常金牛

段家寨

許明合　劉汝之　王三元　王　俊　王　海
王興兒　王悅旺　劉映藜　段恆慶　劉春和
劉文德　劉積法　施跟房　柏順兒　柏跟順
蕭百榮　蕭百昌　蕭諸騶　眭有才　眭祿兒
許崇西　王喜來　雷祥吉　雷三德　王金成
徐順法　徐振錫　許京復　徐順天　徐順義
徐星耀　郭珍子　郭玉子　郭瑞子　眭福慶
段計成　眭三進　王九興　王德海　段懷信
段懷寶　許光宗　段長元　段照兒　劉先甲

劉　文　劉　慶　李天才　賀貴兒　李金兒
李小樂　田景明　王興朝　王三根　董秋漢
董福愷　楊進成　楊鎖兒　楊党成　董福耈
董金來　董兆慶　董悅興　田治邦　田吉曜
劉登甲　許鎖兒　段榜兒　畦居兒　王岐鳳
柏朝前　王金祿　徐順明　許步德　王振才
段根敦　段吉成　段金木　王九州　劉年喜
劉玉順　王福成　王三旺　王九成　張榜子
段永道　段滿子　杜忠成　段根兒　張善兒
許光華　許記華　徐崇興　徐順禮　施六兒
張積善　張鑾紫　張耀先　張定國　潘鳴盛
潘新寬　許一本　賀國平　李進有　畦祿利
許以場　段恆德　畦五山　許善慶　劉根福
蕭友兒　段慶常　張居謙　許辛廷　党悅德
馬　昌　王　山　王拴子　張鎖兒　許邦彥
劉維林　劉際川　王金元　段普照

瑤頭村

王金祥　潘彥金　胡景法　王福凝　傅均興
崔興和　崔興財　傅均傑　史福興　黃萬善
黃進榮　王金階　王學成　王金鼎　王金滿

坊舍鎮

邢邦直　邢丕春　邢丕榮　邢計功　邢登高
韓起隆　賀全會　賀喜兒　邢永兒　邢丕功
韓世合　韓福有　邢興太　邢清禮　韓房兒
邢晏安　邢典元　邢丕毓　邢萬凌　韓新玉
邢學文　邢秀虎　邢新房　韓月增　韓玉有
李滂兒　賀積善　賀積成　賀積有　賀　財
韓月明　韓玉慶　韓月盛　韓忠明　韓同梓
韓甲寅　韓君平　韓君瑞　韓隨來　韓慶兒
趙拴住　[redacted]　韓省兒　韓百有　韓正元
韓正明　韓戌申　呂來純　韓小田　李萬春

趙彥魁 韓大路 韓得亨 亢年兒 呂虎兒 韓慶月 韓顯明 王居功 王廷玉 亢凌斗 亢全吉 亢生兒 韓改換 邢增貴 韓孟祥 韓熊兒

趙方元 韓豹兒 韓妙成 韓英法 韓金成 韓遇財 韓顯太 韓遂福 亢炳武 亢孟貴 亢金祥 亢班爵 韓金良 邢水兒 邢萬勞 韓有名

韓寶智 韓春元 韓得運 呂文德 韓春旺 韓得通 韓和兒 韓遂有 亢進元 亢福全 亢全禮 亢金成 韓世成 邢福壽 韓五兒 亢進考

韓起蛟 韓得顯 亢思林 韓坤兒 金長山 韓竹兒 邢吉彩 韓喜兒 亢玉肖 亢髦兒 亢全金 韓福兒 韓服兒 王國泰 韓玉鎖 韓英倉

韓虎兒 韓喜成 亢思忠 韓金虎 韓慶貴 韓步周 邢安民 李福兒 亢福榮 楊星斗 亢九成 韓興兒 邢登連 邢維城 韓遼榮 呂新魁

張士貴　孫自智　孫金鈴　王官兒　孫來成　孫福兒
亢思魁　孫進良　孫景丁　孫自鳳　孫學道　孫道兒
孫可秀　孫昆兒　王泰來　孫起秀　孫清兒　亢鳳林
孫自義　孫見壽　王全恭　孫彥玉　孫大用　亢夢榮
孫六一　孫彥愷　王全宗　孫萬宗　孫林兒　亢新來

卿避村

蒙　清　雷大亨　雷鳳元　雷五兒　雷作霖　王　成　康玉鳳　何士堯
雷正身　雷伯昌　雷在震　雷文壽　雷作太　雷漢瑞　雷兆慶　何致元
雷大蘭　雷在全　雷金印　雷鳳蛟　雷居福　雷五四　雷方鎖　何連貴
雷大椿　雷改名　雷方才　雷普祥　雷波兒　亢虎靈　雷東良　何新進
雷正吉　雷興福　雷太兒　雷伯睦　雷波炎　亢成兒　何士秀　何秉清

何東祿　何鳳來　何鳳喜　何致瑞　何文成
何連城　何懷珍　亢振法　亢振會　亢萬英
亢萬魁　亢荀党　亢必順　張眼喬　張月信
張成階　張五三　張方來　張學禮　董元成
董世步　董世祿　雷居義　雷百齡　張福茲
張玉瑞　亢宗慶　康遇鳳　亢必成　亢五兆

似仙渠

張瑞旺　曹永清　曹慶元　曹京秀　張毓高
張定兒　張閏六　張振清　張香林

聖山堡

翟吉星　翟丁元　翟正合　翟正喜　翟瑩元

賈家莊

劉兆虎　劉來貴　劉　賓　劉三貴　劉三元

劉四進　劉根兒　劉玉娃　劉學有　劉振元
劉三成　劉金鎖　雷葆才　雷登奎　劉　貴
劉　嚴　劉雷兒

傅家莊

郭志清　郭志法　郭長吉　郭金江　郭漢隆
郭文壇　郭祥瑞　郭振清　李長銀　郭長新
郭保貞　郭進才　郭象乾　郭象桂　郭忠清
郭玉至　郭玉慶　郭志海　郭仲道　郭　來
郭志毅　郭志玉　郭志芳　郭志來　郭志元
郭志興　郭長學　郭長榮　郭興旺　李伯林
李伯祿　雷漢時　郭葆德　郭志敬　郭興正
傅來兒　傅小卯　傅頓須　傅方喜　傅根成
郭文慶　郭象官　郭春敬　郭長來　郭漢良
郭長忠　李喜文　郭長哲　郭長省　郭漢祿
郭漢乾　郭漢軫　李春年　郭根年　郭保官

郭保佑　郭漢通　郭志彥　郭保建　郭志存
李伯全

老君寨

張成緒　張福善

高原村

王紀年　王庚寅　王士德　王扶清　王房兒
王金福　王廷魁　王作會

喬家灣

雷已酉　王士明　王鳳時　王鳳舉　王風翥
王德鄰　王保元　王方兒　王鳳蹲　王旭兒
王安兒　王夢兒　王垚兒　王有慶　王庭芝
王煥兒　王容兒　王克昌　王鳳高　王鳳增
王虎兒　王五元　郭周兒　郭鎖兒　郭英秀

郭金福 郭全保 王庭階 王庭萬 王庭嚴
王長清 王鳳虞

平王寨

韓益華 董紹正 韓秀儒 韓赫紫 蘭方子
蘭五長 師位兒 師年兒 楊元祥 韓秀福
馬邦杰 李文相 李長榮 張積友 張　英
蘭　法 師自瑞 師自林 師慶雲 師自勤
師自廣 韓亦忠 韓榜兒 韓亦惠 韓娃兒
韓耳兒 韓四喜 郭重新 李興福 李興泰
韓紀麟 韓益榮 張萬福 郭志梅 馬　奇
解志榮 嚴紀範 韓惠魁 嚴封元 解文邦
解志喜 劉來春 劉大才 郭定魁 韓天魁
薛廷惠 王文學 尚春成 李興玉 王步堂
王進祿 師文祥 師三牛 郭秀虎 蘭振德
郭英順 師君友 師振清 師方林 蘭士祿

嚴益德 解身榮 解世榮

党川村

王祿堂 王慶林 李學周 王維展 王吉慶
王慶元 王天志 王天順 王維同 王良兒
李初五 李元清 李中慶 王　福 鄭立城
鄭宗寬

雷劉村

雷玉京 雷成山 雷加官 雷金芒 雷步升
雷汝南 雷太平 雷秀龍 雷根慶 雷廷元
雷彥子 雷文英 雷文德 劉居財 劉新智
劉長太 劉長生 劉丙文 劉跟喜 雷坤兒
雷新德 雷金狗 雷廷珍 雷　開 雷積祿
雷金成 雷正南 雷福成 雷滿年 雷興元

劉風風　劉增謙　劉成年　雷己酉[81]

公義屯

胡興合　胡興哲　胡長瑞　胡根元　馬慶儒

馬慶元

蘭家村

蘭成元　蘭萬清　蘭登魁　蘭廷海　蘭萬榮

蘭君會　蘭保州　蘭侃兒

鄧家營莊

趙永發　趙甲印　趙夢蓮　趙夢熊　趙夢周

趙考兒　趙景鈴　趙啟科　劉履德　趙立中

趙茂鈴　趙振元　趙振全　趙四鈴　趙敏中

81 劉（雷）己酉，為舉人李向桂傭工。護主人便宜逃難，因尋父回家，打仗陣亡。

趙鎖子　趙永興　趙廷祿　趙義貴　趙茂盛
党福隆　党五十　孫來喜　張文堯　張雙喜
張文喜　張學成　康核杈　康椽兒　康得兒
郝德全　張三鎖　張喜祥　張恆泰　張長兒
龐起貴　龐福舉　陳懷清　陳斗兒　黃士忠
黃新德[82]　杜祥來　黃廷旺　郝福海　郝雙元
魏兆吉

成家村莊

黃才喜　成卯兒　成年成　成興振　成來福
成玉中　成　有　成興祿　何天極　何九玉
周景會　焦來兒　焦根寶　焦夢林　焦喜成
焦長生　李玉貴　李省兒　張萬傑　李三桂
李五桂　張聚點　賀萬財　申繼統　申連慶

82 黃新德、杜祥來，均因護母受害。

申三鋪
李世通
李寶三
李跟兒
李福娃
黃廷鑑
李慶祥
李慶發
李焦虎
李捉住
申跟榮
申富榮
張漢傑
李玉桂
黃五福
董繼林
成玉堂
申廷棟
申茂林
申茂全

小坡底

董維駉
馬生田
馬稱德
馬駿德
馬龍海
闞天財
李重陽
董奴兒
楊　耀
王苟熊
董正成
董正祿
董正道
董雙喜
李　連
李赫諸
李福祿
王　蘭
王　槐
張兆亢
張耳兒
羅萬清
羅小定
羅祿兒
羅全慶
陳永泰
董福魁
馬兆魁
羅祿慶
馬維仲
羅甲申
孫虎子
孫進兒
孫青雲
孫學浩
孫孚子
孫會元
張積元
張萬長
張連兒
張苟得
李三元
李久良
董根兒
黃　明
王一元
董成兒
董　塽
董　堦
董林兒
董文鼎

張房兒　張　賓　李玉堂　李陽春　李祥瑞
李化南　謝庚申　邢志信　謝足魁　董懷金
董苟娃　董維純　董奎兒　董進兒　王　泰
雷廣泰　董懷常　王玉兒　董必昌　李　英
王牛兒　王小熊　史玉書　雷呂子　董萬林
董維興　王瑞榮　董嘉定　董雲种　董德積
馬兆星　馬慶益　馬春經　王之義　董留兒
董科兒　董正林　王赦年　王根慶　王瑞寅
孫來定　王伍年　王雄環　孫林成　孫林旺
周三健　周三俊　李凌漢　何際盛　李庭模
李庭寶　李　綬　李金麟　康振法　康午子
董大統　董長貴　王桂元　王福堂　吳慶元
吳瑞兒　董德發　董東來　王令聞　康鳳保
康官兒　董元旦　董月蘭　董繼盛　董繼芳
董福慶　董朝兒　董鴻儒　董會寶　董鴻昇
董泰兒　謝永和　謝永管　謝雷兒　董壽仙

董來寶　董魁兒　董林兒　董江兒　董為兒
董繼善　李文寶　李赫子　李映福　李三喜
李　強　李木喜　李五典　李永陞　李金玉
李嘉會　李思溫　李銀珠　董景魁　謝永和
董連魁　李永和　董大貴　董丙戌　李未兒
宋煥文　宋義兒　李五兒　王建清　吳先喜
吳有兒　吳福兒　吳增兒　吳中兒　吳金方
吳衷惠　吳衷和　雷三房　張積玉　張慶兒
張有兒　陳四元　李成興　李進才　王正興
何宗慤　焦君科　焦庭寬　康振貴　周　隨
陳銀山　陳會山　李彥亨　成興滿　成酉生
董大文　李永標　李永楷
孫渭南　孫長渭　孫大和　孫圪丁　陳紹唐

廝羅寨

梁年子　蒙永楷　李自法　李志誠　王正興

党鋒 李慶瑞 梁興和

小壕村

楊家勤 陳凝生 陳凝春 陳三縣 陳凝子
陳步霄 陳邦昌 陳邦謂 [redacted] 陳邦庭
陳燕志 陳邦古 陳志拴 陳斗有 陳志九
陳金祥 陳福元 陳漢江 陳大雲 陳名卓
陳重陽 陳大城 陳苟來 陳金城 陳金福
陳金別 陳保兒 楊道兒 楊六忙 楊三會
武代兒 楊興智 單丙午 單德興 南瑞京
南來積 南福壽 南秋鎖 南三鎖 楊思盛
單德喜 董亨亨 王振元 王芝桂 王金玉
王大名 [redacted] 何老士 何通寶 何慶餘
田金海 田小行 南赫珠 楊桃玉

大壕村

武彥齡　武生蘭　武同春　武玉平　武緒蒼
武升兒　李興法　武彥清　武作新　武丁卯
武福兒　党荀喜　辛進元　武大川　武世道
武彥魁　井百順　武新元　武彥積　武彥財
武生和　武甲寅　武成家　武實道　武新正
武思敬　武福太　武振清　党天剛　武辛丑
秦海增　王復才　康德懋　周天興　武宗會
党宗進　武大法　武自道　武體道　武五元
武紹文　武彥祥　武貞固　武春遇　武自來
武彥彩　武義道　武元林

大壕營

秦永益　康寅戌　華梁楝　李跟房　康三才

康雙林　薛永金[83]　薛三剛　邱天佑[84]　王鎖元[85]
胡天壽[86]　王興元　秦長林　王秋元　王文成
王五卜　王榜祥　王興朝　王百齡　王開元
王春泰　王思武　吳學德　顧新春　顧天義
吳本立　党　雲　顧占泰　秦昌益　楊中伏
康三甲　秦金鎖　顧永茂　顧新桂　徐福兒
徐義兒　徐庚兒　徐　行　徐甲丙　徐步雲
周之桐　周鳳鳴　周　文　周和兒　周慶雲
周金山　徐太平　党樹楝　党辛庚　党　錫
顧志慶　顧占吉　顧書誌　王冬至　季同盛
秦天成　康兩髦　王五桂　華　友　華景泰
華景蓮　華靈檀　華猷荀　張乃倉　田尚順
田大振　田新年　田苟子　田黑池　邱甲酉

---

83 薛永金，素善鳥鎗，至是集團扼要，三鎗斃三十餘，賊不敢近。越日夜，羣賊至，被執碎屍。
84 邱天佑，礮斃數賊，力竭陣亡。
85 王鎖元，甎斃數賊，力竭陣亡。
86 胡天壽，鎗斃數賊，力竭陣亡。

邱生明　李萬元　王九常　周拴子　秦五貴
邱生乙　陶興玉　秦海增　周隆午　秦辛丑
邱金柱　王根祥　秦錢兒　薛永泰
秦　鏡　秦晉兒　陶振來　周慶春
秦五春　秦定兒　康榜子　周慶明

西渠頭

楊蔭椿　楊長貴　楊有來　楊鎖慶　鄭大名　張　秀　張蔭生　張萬魁
楊蔭槐　楊尚學　楊福祥　楊道元　楊太學　楊秀春　楊建春　張萬明
楊義方　楊加祿　楊聚寶　張金全　張玉鑑　張學禮　張學信　楊遇時
楊萬選　楊新春　楊朝考　楊戊申　張仲聲　張學遜　張明鑑　張炳乾
楊應春　楊起運　楊順慶　楊困兒　張萬通　蒙君剛　張爾慶　楊懷時

陳迎泰　楊邦瑞　楊跟迎　楊學林　楊得慶
武慶兒　楊蔭楠

東曲頭

張玉鑑　張崇壽　張學銀　張子坤　張均瑞
王建有　張玉鎖　張占魁　張占鰲　楊杏敘
楊用敘　張銀科　楊體乾　王建業

坡底村

楊登慶　楊登壽　楊登俊　楊曾魁　楊來鳳
楊入林　楊秀奎　楊天祚　楊鳳儀　楊奎寶
楊鶴立　楊生來　楊生蒲　楊喜才　楊文才
楊重義　楊百定　楊跟恕　楊元起　楊興才
楊全棟　楊跟長　楊金梁　楊玉梁　楊興來
楊興春　楊萬清　楊苟盛　楊　徹　楊　元
楊福受　楊懋德　楊時雨　楊增興　楊意兒

楊自治　楊正元　楊永朝　楊永仁　楊興玉
楊增正　楊正順　雷兆瑞

謝家坡

劉竈保　張宗書[87]　張在中　張淡子　謝茂魁
謝忠孝　謝百鎖　謝發成　謝高魁　謝發盛
謝發魁　謝登堂　李忙生　李元孝　李先臨

望仙里

王執中　王用中　王效仁　王效體　王效智

胡家營

胡甲午

87 張宗書，罵（賊）受害。其妻張王氏，歸宗書甫逾月，有迫使嫁者，氏志最堅，忿恚不食死。

通川里

張自新

守城鎗手

劉玉成[88] 魏京元 江 柒 王根虎 劉鳳竹

徐耀先 張俊才 張廷棟 趙福祿 張允乾

段茂章 劉生玉 李拴牛 楊得水 賀金有

王鴻儒 孟紀煥

未報村名

李廷賓[89] 李中兒 李拴房 張天有 王鐵兒

88 鎗手劉玉成等十七名，均因守陴遇害，其里居無從查悉。

89 李廷賓等五名，均因打仗陣亡，村名無從查詢，故附於此。

渭南縣

周世瑞[90] 周希信 楊懷林[91] 楊天純 楊仁[92]

魏永桂[93] 周祥麟

朝邑縣

雷成勤[94] 雷學林 田丙寅[95]

蒲城縣

張賓[96] 王來兒[97] 張根秋[98]

90 周世瑞，因救母至荔邑，全家遇害。其子周祥麟，同時被戕。
91 楊懷林，寄居大村，全家殉難。
92 楊仁，為大村李培章傭工，被執不屈受害。
93 楊天純、魏永桂，均死大村中。
94 雷成勤，死西顧賢村。
95 雷學林、田丙寅，俱死八里鋪。
96 張賓，死小坡底。
97 王來兒，為大村潘佩惠家傭工，孤身為主人守家遇害。
98 張根秋，死大荔城外。

澄城縣

姚中林[99] 李金苟[100] 張黃髦

郃陽縣

張兆祥 何新改

臨潼縣

王永發[101] 屈崇禮[102]

山陽縣

劉金榜[103]

---

99 姚中林，為楊村雷與智家傭工。賊近，主人令逃，泣答曰：「見危背主，何以為人？」從主人三十一口投河死，時七十六歲。

100 李金苟，死大荔城外。

101 王永發，死大荔城外。

102 屈崇禮，死八女井。

103 劉金榜，死大荔地方。

山西虞鄉縣

上官德新[104]

道人

江俠[105]

僧人

鳳升[106]

妙遇[107]

祥珍[108]

104 上官德新，死八女井。

105 江俠，係平原坊廟主持。賊近，集團打伏（仗），殺二十餘賊，力竭陣亡。

106 鳳升，係姚其寨廟主持。禦賊打仗，力竭陣亡。《大荔縣續志》，卷十一，耆舊傳下，節義新編，記為道人。

107 妙遇，係長安屯廟主持。打仗陣亡。《大荔縣續志》，卷十一，耆舊傳下，節義新編，記為道人。

108 祥珍，係大村廟主持。賊至，不屈受害。

門丁

王邇[109]

快役

宦魁[110]

以上殉難人等，先後均奉恩旨，立坊建祠，刻名於石，以垂永久。

109 王邇，守門遇害，未悉貫籍。

110 宦魁，於城圍郡城，文報阻隔，連日夫馬無敢出城時，獨踴躍持文，乘夜縋出，潛行數里遇害。

卷三

花翎鹽運使司銜直隸候補知府

李樹玉 妻理氏

州同銜

錢寶善 妻王氏

例封七品銜監生

李鳴鳳 妻張氏　女俠媛[111]

例贈八品銜

李開科 妻董氏

[111] 李俠媛，賊欲挾去，女罵曰：「我何如門第？肯從賊耶？」賊傷其右臂，罵愈厲，被賊碎屍。

舉人

劉宗實妻李氏　李　坤妻馬氏

武舉

車遵路妻党氏

歲貢生

車　澐妻李氏

廩生

鄭士彥妻謝氏[112]　女鳳梅

許炳蔚妻張氏　白懷瑾妻李氏

---

112 鄭謝氏，賊欲擄去，氏紿曰：「鄰有美者，可擕之。」賊甫出，氏即同女鳳梅投井死。

增生

馬鳴蕭妻張氏　女退兒

生員

朱先閩妻張氏　李蔭清妻王氏

張清化妻孫氏　女元兒　東仙　西仙

張鳳翔妻雷氏　女風采

馬沛艾妻蘭氏　女雲娥

雷景成妻趙氏　女鳳仙　雲仙　鳳梅

趙萬清妻張氏　女瑪瑙

王　棟妻雷氏　李育傑妻王氏　陳福江妻吳氏

白耀垣妻趙氏[113]　文士燮妻王氏　張位西妻楊氏

文炳華妻陳氏　李法謙妻楊氏　李澤俊妻秦氏

姚撫辰妻武氏　謝　肅妻苗氏　石　森妻馬氏

---

113 白趙氏，避難在船，夫陣亡，忿激投水。舟人救出，衣尚未乾，仍赴水死。

武生

李英魁妻劉氏　楊敏時妻李氏　張武烈妻王氏

監生

李開新妻扈氏　妾趙氏

生員

朱文衡女杏萼　春萼
成錦堂女雙橋　姚際泰女庚辛

奉祀生

馬郁蓼女遜兒　馬郁芳女鳳兒

以上紳士妻女，先後恭蒙旌卹，建坊立祠，以垂永久。

城內

王居安妻張氏　王樂行妻張氏

東關

盧成采妻賀氏

靈頭村

王　孝妻張氏　王永信妻高氏　王　泰妻孟氏

雷　鑾妻孫氏

草橋店

馬自興妻李氏　馬耀林妻王氏　馬福林妻高氏

馬清鰲妻李氏　馬清耀妻王氏　魏新廷妻暢氏

馬根福妻孫氏　魏寓萬妻趙氏　馬應元母陳氏
馬自和妻杜氏　魏寓金妻崔氏　張成壽妻雷氏
魏寓德妻張氏　魏寓芮妻張氏

孛合村

張來泰妻康氏　王鶴齡妻馬氏　王鎖兒妻陳氏
張廷浩妻楊氏　張開泰妻章氏　雷明照妻常氏
張庚科妻李氏　張德鄰妻楊氏　張一誠妻馬氏
王　蘭妻馬氏　王　言妻郭氏　王　德妻田氏

潘家莊

党廷蘭妻趙氏　党廷祿妻張氏　党廷璠妻周氏
潘　洞妻劉氏　潘振明妻張氏　潘　毫妻馬氏

八里舖

向綉春妻王氏　向蘇州妻劉氏

長安屯

周思學妻暢氏

平原坊

陳鳳鳴妻郝氏　郭彥順妻劉氏　雷芝興妻袁氏
郭鳴謙妻楊氏　郭振川妻楊氏　郭德謀妻馬氏
張金貴妻蘭氏　張　貴妻楊氏　劉國芝妻左氏
張　花妻陳氏　陳士魁妻王氏　陳文增妻郭氏
傅益桐妻王氏　雷丁成妻吳氏　馬在洛妻金氏
劉先恩妻李氏　張壽兒妻章氏　劉彥謨妻石氏
陳振清妻劉氏　雷效勇妻張氏　鄭盛謀妻張氏
雷信成妻周氏　陳雲魁妻呂氏　張春成妻扈氏
張運兒妻盧氏　陳榮善妻黃氏　張全盛妻康氏
張振德妻何氏　田居安妻陳氏　劉萬選妻陳氏
郭萬鎰妻李氏　馬郁蘭妻蘭氏　袁玉成妻郭氏

袁榮兒妻田氏　馬沛成妻趙氏　郭炳泰妻張氏
雷信成妻周氏　張熙朝妻扈氏　張永安妻許氏
張星換妻馬氏　郭永盛妻樊氏　傅長庚妻王氏
黄奎元妻吳氏　馬沛成女蘭英　馬沛成妻蘭仙
劉佩華女雲娥　田居安女美秀

西坊村

田學蔚妻劉氏　田學嚴妻楊氏　田學圃妻成氏
王天佑妻高氏　王天申妻張氏　田學溫妻王氏
田學盛妻夏氏　劉升有妻左氏　田學成女芙釵
田學圃女玉委

晁邑坊

王三喜妻扈氏　馬長春妻李氏　蘭五昌妻楊氏
朱生花妻扈氏　朱殿鰲妻扈氏

西顧賢

吳旺兒妻扈氏　李甲榮妻雷氏[114]

劉官營

劉元利妻周氏　劉丙泰妻陳氏　劉元春妻陳氏
劉丙坤妻陳氏　陳崇立妻顧氏　劉元貞妻胡氏
李錫瑞妻余氏　張元隆妻謝氏　劉元京妻扈氏
劉元亨妻南氏　薛福德妻張氏　薛萬春妻党氏
陳加祥妻吳氏　陳桂材妻程氏　陳桂芳妻康氏
陳振魁妻羅氏　薛文玉妻張氏　薛萬壽妻高氏
薛萬選妻蘭氏　李開元妻張氏　馮履祥妻王氏
時元魁妻華氏　劉金元妻張氏　陳加壽妻董氏
薛景駟妻張氏　薛景馬妻楊氏　薛必慶妻盧氏
李鳳翔妻蕭氏　薛自成妻王氏　薛自發妻康氏

114 按：原本脫「妻」字。

李景福妻康氏　薛萬輝女梅貞　薛萬春女淑妹

扈家村

扈月成妻薛氏　扈金祿妻余氏　扈俊傑妻劉氏
扈羊兒妻陳氏　扈振階妻薛氏　扈振全妻吳氏
扈得祿妻武氏　扈立孝妻薛氏　扈廷成妻黃氏
扈得春妻張氏　扈世元妻楊氏　扈來成妻員氏
扈會辰妻石氏[115]　扈會辰女繡兒　扈凝瑞女杏園

石曹村

李生蓮妻石氏　雷天益妻胡氏　薛丁元妻劉氏
扈建邦妻薛氏　負爾高妻楊氏　李春兒妻石氏
李景德妻吳氏　雷春靈妻崔氏　肖鳳瑞妻趙氏
党永泰妻薛氏　李生玉妻楊氏　傅福成妻蕭氏

115 扈石氏，罵賊受碎屍之慘。

成士貴女秋娥

石曹屯

康乃豐妻石氏　雷春來妻袁氏　包東院妻郭氏
徐天慶妻楊氏　徐金兒妻劉氏　徐云雲妻薛氏
徐步元妻邊氏　徐天鳳妻王氏

夏家莊

夏　易妻張氏　夏永壽妻任氏　夏家瑞妻雷氏
李漢儒妻康氏　馬在汝妻雷氏

太山渡

崇末兒妻趙氏　崇兔兒妻劉氏　崇天玉妻雷氏
崇隨喜妻游氏　劉　元妻王氏　崇萬選妻周氏
崇萬善妻雷氏　方科舉妻秦氏　崇萬金妻申氏
李習成妻向氏　李車兒妻向氏

埝頭村

席九成妻王氏

下寨村

王陞雲妻向氏　李含輝妻趙氏

太興村

暢庚寅妻王氏[116]　向良玉妻劉氏　暢　言妻雷氏

暢百興妻潘氏

太興寨

向太和妻周氏

---

116 賊迫暢王氏行，氏以居近洛河，紿曰：「必更新衣，送先人木主於河，而後行。」遂更衣，抱主至河，猝投。逃難者見其屍，仍抱主未釋，衣裳平整，向上流浮去。

張家莊

趙興錫 妻夏氏

九龍村

李春發妻畦氏　李思忠女琳女

觀音渡

董提兒妻李氏

下廟渡

党禮勳妻李氏　楊興家妻王氏[117]　王道喜妻張氏

雷　福妻王氏　党　校妻趙氏　楊福盛妻李氏

楊如意妻王氏　楊全喜妻賀氏　楊必成妻王氏

黃支金妻王氏　王宏元妻李氏　王宏太妻汪氏

---

117 楊王氏，幼即童養夫家。未婚，興家遠賈死，拜木主成禮，前後挫抑萬分，終不渝志。道光二十二年，奉旨旌表，有「王貞女傳」載邑乘。苦節五十餘年，至是奉姑避賊，姑死，忿激自盡。

張鳳起妻王氏　張萬英妻李氏　黃三會妻薛氏
張永財妻李氏　張積財妻劉氏　張　平妻陳氏
張鳳蒼妻王氏　張學義妻章氏　王來兒妻李氏
王一秋妻李氏　王春喜妻張氏　張鳳鳴妻王氏
張鳳鳴妾趙氏　王登高妻楊氏　王登高妾李氏
楊三元妻趙氏　王一清妻張氏　楊興秀妻李氏
楊專本妻王氏　楊慶年妻田氏　王振春妻張氏
王振武妻張氏　王廷昌妻汪氏　王一俊妻薛氏
王一春妻包氏　李王氏　李張氏　李畦氏

西改村

游芝蘭妻馬氏　陳從秘妻尚氏　陳　元妻杜氏
游克學妻李氏　陳董貴妻杜氏　賈有魁妻張氏
游自孝妻張氏　游棗園妻康氏　雷景和女慧仙
雷景和女噦鳳

谷多村

雷景和妻楊氏　雷普聽妻韓氏　王鳳鳴妻李氏
王　忠妻董氏　王金德妻陶氏　王元兒妻張氏
王福兒妻李氏

趙家灣

趙學文妻馮氏　趙克復妻王氏　趙可賜妻張氏
趙天春妻李氏

龍花村

趙秉忠妻王氏　趙秉志妻李氏　趙希桂妻王氏
李元魁妻雷氏　李清房妻劉氏　張雪兒妻韓氏
吳運昌妻孫氏　王恆順妻汪氏　楊　端妻趙氏
趙學進妻王氏　趙化興妻馮氏

南頭莊

馬天蛟妻姚氏　馬根足妻姚氏　馬林生妻梁氏
馬三魁妻王氏　李世純妻劉氏　吳閲周妻任氏
張摺習妻田氏　吳永清妻車氏　張振西妻田氏

南灘村

杜金貴妻賀氏

阿河村

康文榮妻王氏　董大廷妻東氏　李景寬妻呂氏
李長春妻雷氏　康正英妻杜氏

明水村

張伯言妻王氏　張建剛妻劉氏　張建義妻李氏
白彥祥妻高氏　劉喜科妻張氏

白村

李遠揚妻呂氏　李三保妻呂氏　李元清妻呂氏
李在聲妻呂氏　李生兒妻車氏　李聲聞妻吳氏
李萬全妻呂氏　高　二妻許氏

留村

霍永興妻馬氏　王天貴妻趙氏

德行村

姜永全妻李氏

白家寨

王文元妻任氏　周士委妻賈氏

阿壽村

楊紅春妻王氏　王伯花妻汪氏　王元成妻孫氏

王五川妻趙氏　王景德妻趙氏　霍　選妻史氏
王天貴妻趙氏　王錫要妻武氏　王懷禮妻陶氏
霍　林妻李氏　王來十妻趙氏　王永樂妻李氏
王玉成妻孫氏　王　其妻茹氏　王公成妻李氏
王占魁妻汪氏　王陽計妻白氏　王考山妻張氏
王官東妻趙氏　王運成妻馬氏　王增祥妻馬氏
王　丙妻趙氏　霍廷珍妻喬氏　霍永興妻喬氏
王良玉妻苗氏　王一河妻汪氏　張自英妻章氏
王德成妻白氏　張孟來妻李氏　王　珍妻茹氏
王　喜妻高氏　王元成女燄兒

北堡

王忙合妻白氏　王錫壽妻陶氏　王建成妻張氏
王泰學妻聶氏

王店

趙福德妻陶氏　趙繼緒妻陶氏

汪家寨

謝根順妻張氏　汪拴兒妻王氏　謝興隆妻梁氏
謝興祥妻張氏

堎窪村

張志俊妻陶氏　張承浩妻李氏　張集村妻章氏
張錫麟妻田氏　張懷盈妻王氏　張承烈妻李氏
張宗義妻史氏　張士芬妻王氏　張　科妻孫氏
張紀鳳妻王氏　張元兒妻韓氏　張集林妻李氏
張集升妻孫氏

小營村

王兆祥妻汪氏　雷增貴妻白氏　王兆彥妻楊氏

雷增壽妻楊氏　雷增元妻王氏　林君升妻紀氏

寺前村

段正發妻梁氏　段新廷妻李氏　李登瀛妻呂氏
李登鰲妻張氏　李維德妻梁氏　李學詩妻白氏
李酉兒妻劉氏　段正傑妻劉氏　李三耀妻梁氏
李廷耀妻梁氏

梁家莊

梁大杰妻李氏

梁家坡

梁福皆妻楊氏　梁迎祥妻徐氏　梁淩高妻吳氏
李建貴妻孫氏　梁長年妻吳氏　李應長妻呂氏
梁京來妻樊氏

羌白鎮

李增壽妻白氏　李全信妻張氏　陶全魁妻王氏
張澮兒妻王氏　張軍左妻任氏　梁忠信妻侯氏
李明祿妻楊氏　李維貞妻張氏　陶全義妻李氏
陶開甲妻李氏　陶文英妻高氏　陶映星妻李氏
陶繼謀妻雷氏　陶長齡妻馮氏　王鳳旺妻馬氏
馬起成妻陶氏　張三呼妻潘氏　張河南妻李氏
陶自盛妻趙氏　陶瑞林妻吳氏　陶祥林妻吳氏
侯積善妻王氏　樊應春妻李氏　羅雲路妻李氏
石自譜妻李氏

北王閣村

任力德妻李氏　景寶林妻吳氏

八女井

李一清妻梁氏[118]
李來鳳妻張氏
李二髦妻馬氏
白太平妻任氏
李百齡妻白氏
李牛兒妻陳氏
李雙牛妻張氏
孫東喜妻馬氏
李世樓妻張氏
李便兒妻理氏
李光灼妻雷氏
李金全妻王氏

李麟趾妻陶氏
李　仙妻任氏
李懷信妻呂氏
李光君妻呂氏
李久恆妻趙氏
李行合妻史氏
李得道妻張氏
李隨虎妻馬氏
馬成明妻趙氏
馬文炳妻王氏
李忠子妻吳氏
李光烈妻孫氏

李伯順妻張氏
李八髦妻錢氏
羅善喜妻孫氏
李武倉妻史氏
李明振妻馬氏
李紀良妻王氏
李光有妻趙氏
孫忠蘭妻馬氏
馬來福妻李氏
馬世兒妻李氏
李金玉妻白氏
孫長娃妻張氏

---

118 李梁氏，年七十二歲，聞賊至，謂媳等曰：「等宜自裁，緩恐見辱，我為若作樣子。」乃乘間自盡。李陶氏率李張氏，並其已嫁女王李氏，與孫女李慧心至井上，曰：「此爾等全節地，我將從姑也。」遂一一促其投井，而已入室自縊。王李氏係潘驛鎮王才之妻，是日適在母家死，列後潘驛鎮村中。

孫根來妻白氏　孫來心妻李氏　蘇順合母張氏
孫世泰妻李氏　孫房兒妻馬氏　孫倍成妻張氏
馬拴兒妻王氏　李迎兒妻田氏　李新成妻理氏
李金全妻理氏　楊喜春妻張氏　李伯順女慧心
李雙牛女竹兒

潘驛鎮

景玉和妻李氏　趙萬慶妻任氏　趙建朝妻朱氏
魏宗漢妻潘氏　趙廷貴妻晁氏　王　才妻李氏
羅諸成妻李氏　羅秀文妻孫氏　趙重任妻王氏
錢復成妻任氏　錢含財妻崔氏　錢光宏妻郭氏
趙重新妻李氏　錢先恩妻吳氏　錢振聲妻雷氏
錢振河妻尚氏　錢振海妻馬氏　錢光德妻高氏
錢先起妻馬氏　劉建睿妻朱氏　劉學通妻朱氏
雷天才妻陳氏　張占魁妻麻氏　張　選妻章氏
劉　惠妻梁氏　錢復雲妻陶氏　錢伯明妻杜氏

錢順新妻雷氏　任德順妻趙氏　錢茂春妻任氏
趙仕銀妻高氏　趙廷璋妻屈氏　田喜兒妻闞氏
景玉和女潤枝　景玉和女連枝　景玉和女芝兒

麻家莊

麻保兒妻王氏　麻石泉妻劉氏　麻廷選妻孫氏
麻應福妻石氏　麻居德妻石氏　麻庭海妻孫氏
周允才妻杜氏　康庫兒妻孫氏

羅河村

羅世貴妻王氏　羅雲行妻李氏　羅文燦妻何氏
羅全生妻車氏　羅文才妻李氏　羅全泰妻馬氏
羅福慶妻李氏　羅雲豐妻錢氏　羅世貴妻李氏
羅和昌妻李氏　羅文方妻朱氏　羅文義妻孫氏
羅雲鳳妻景氏　羅光泰妻王氏

龍池村

朱宗魁妻張氏　朱宗魁妾崔氏　蘇吉清妻趙氏
蘇養潤妻潘氏　蘇　生妻吳氏　蘇清吉女春娥

井店村

張士特妻何氏

大豐村

王丙兒妻張氏

姚其寨

史良兒妻殷氏　王根進妻張氏　彭景純女見娥[119]

119 見娥，時年十六歲，字陳興盛。未出閣，狥逆至，阿渾令耦其黨。女泣言：「已字陳，義不二。」乘間投眢井，賊救出，未死。女罵益厲，賊刃之，傷如鱗，死焉。僉謂與白水生員蘇天純妻連氏、蒲城孫奎元妻張氏為同時三烈云。

孫家寨

楊克恭妻王氏　張文魁妻章氏

上寨屯

陳　三妻李氏　徐元清妻藺氏

下寨村

王陞雲女鳳彩

陳常村

畢德仁妻藺氏　畢紹芳妻錢氏　張文福妻朱氏

畢成祥妻鄭氏　薛可封妻李氏

陳家寨

陳合平妻李氏　張振清妻賈氏　陳克俊妻張氏

孫　三妻車氏　王克勤妻李氏　張明元妻劉氏

龐家莊

潘社娃女金環
鄭蘭惠妻潘氏
潘尊藏妻趙氏
潘　僚妻趙氏
潘隆海妻鄭氏
趙德連妻馮氏
樊成密妻馬氏
潘降合妻郟氏
潘福德妻楊氏
潘福來妻劉氏
潘義虎妻錢氏
潘建常妻刁氏
潘敬文妻郟氏
潘社娃妻郟氏
潘逢祿妻史氏
潘益興妻全氏
鄭金滿妻馬氏
任義全妻朱氏
任福會妻趙氏
潘建都妻刁氏
潘建基妻王氏
潘世忠妻任氏
潘建運妻雷氏
樊成喜妻康氏
潘建元妻畢氏
郭成科妻曹氏
郭長有妻馬氏
潘德魁妻雷氏
宋隆章妻畢氏
樊大梁妻郭氏
樊大楝妻苟氏
樊大植妻郟氏
潘世元妻雷氏
潘義清妻任氏
樊逢榮妻陳氏
藺永慶妻馬氏
鄭天順妻張氏
鄭福明妻薛氏
鄭金祥妻馬氏
鄭光田妻辛氏
鄭蘭秀妻李氏
郭長祿妻王氏
郭成有妻李氏
任廣元妻張氏

潘建長女冬英　潘社娃女春花　潘鎖子女順蓮
潘益興女香鳳　潘敬謙女林娥　鄭獅子妻朱氏

雷村

呂玉華妻李氏　畢正興妻楊氏　呂克興妻藺氏
趙金盈妻董氏　呂克旺妻任氏　呂光照妻高氏

刁家莊

王道潤妻梁氏

半道村

李景春妻羅氏　李振元妻吳氏　馬亨兒妻李氏
馬萬程妻王氏

同堤村

王慎忠妻吳氏　王　澄妻馬氏　王　春妻趙氏

李　芳妻李氏　趙福鼎妻張氏　趙克諧妻李氏

七里村

王　誥妻聶氏[120]　劉錫賡妻馬氏　王正印妻張氏

張元第妻楊氏　文同川妻游氏　王寶清妻張氏

文慶祥妻陳氏　王敬信妻汪氏　王寶鏡妻田氏

王正清妻張氏　劉興仁妻王氏[121]　張慶齡妻李氏

王德仁妻李氏[122]　張安定妻李氏　王定九妻汪氏

王捷三妻汪氏　王　煜妻馬氏　張保定妻雷氏

王永興妻李氏　張鳳鳴妻路氏　呂士貴妻崇氏

張萬年女翚仙　文慶祥女銀魚

---

120 王誥被害於其鄰，賊欲擄王聶氏去，氏紿曰：「吾夫懷四十餘金，可取以行。」賊甫出門，氏即縛二子同入井。

121 劉王氏，因護母受害。

122 王李氏，被執大罵，賊抉其眼，拔其舌，死焉。

雷甫村

雷化鵬妻劉氏

蒙家莊

任　貴妻賀氏　董成載妻石氏　董長中妻張氏

韓壕村

韓希魏妻康氏

高遷村

党喜兒妻王氏　溫成蜜妻李氏　楊鵬遠妻李氏

楊元照妻吳氏　楊自發妻惠氏　楊金鎖妻蘇氏

張　珍妻王氏　党　年妻董氏　党有德妻趙氏

党德才妻高氏　楊遇時女窈窕

城南村

張來福妻蘭氏　孫　太妻雷氏　李光處妻高氏

李來復妻蘭氏　張大濱妻劉氏

睦家村

睦來兒妻高氏

新莊村

張學兒妻秦氏　張三成妻楊氏　趙景華妻李氏[123]

張一清妻章氏　張　鳳妻王氏

高家屯

朱自貞妻秦氏　朱自賢妻張氏　朱囊兒妻眭氏

朱自貞女文英　朱自貞女含英

---

123 賊欲擄趙李氏去，挾其母以要之。氏恐傷母，意紿以更衣，甫入室，即自盡。

南石曹

潘朝銓妻張氏

馬坊頭

馬耀聽妻李氏[124]　馬映斗妻魏氏　馬奎斗妻劉氏

馬全義妻劉氏　馬時兒妻劉氏　馬全智妻王氏

馬全孝妻王氏　馬六呂妻李氏　張振太妻安氏

馬奎斗女花蘂　馬奎斗女雲蘂　馬奎斗女秋蘂

馬奎斗女梅蘂

王馬村

敬迺興妻王氏　苗可朋妻馬氏　苗興邦妻李氏

李士超妻王氏

124 馬李氏，聞賊至，立視其媳馬魏氏、馬劉氏，並其孫馬振江等六人，先後入井，而已隨之。賊去後，出其屍，衣服整飭，面俱如生。

官子池

帖國治妻拜氏　答君台妻拜氏　季士材妻趙氏
帖書元妻党氏　季士興妻拜氏　季善祿妻高氏
答登兒妻張氏　王　魚妻答氏

伍家灣

伍宗文妻馬氏

三里村

李有年妻王氏　李成功妻王氏　李慶雲妻魚氏
李必年妻倪氏　李春榮妻潘氏　李逢時妻田氏
李凌辰妻潘氏　李逢全妻潘氏　李兆槐妻呂氏
李生花妻呂氏　李根仰妻孫氏　李春榮妻雷氏
李榮清妻張氏　李雙喜妻王氏　李天寶妻劉氏
李逢泉妻潘氏

陳村

高自卑妻樊氏
李得寶妻王氏
王月芳妻屈氏
高　福妻王氏
孫成德妻雷氏
田萬事妻趙氏
高廷梅女赫兒

高問中妻羔氏
李生銀妻潘氏
李茂貴妻王氏
李汝濱妻呂氏
李日槐妻拜氏
田太禮妻高氏

李汝本妻呂氏
李汝為妻強氏
李生英妻潘氏
高漢菜妻劉氏
田廷芳妻曹氏
高廷梅女親兒

楊村

雷福遠妻王氏
雷福祥妻錢氏
雷福安妻馬氏
雷自朝妻錢氏
雷自公妻李氏
雷金星妻李氏

雷福科妻盧氏
雷福凝妻王氏
雷自成妻薛氏
雷自考妻李氏
雷自隨妻曹氏
李庚辛妻張氏

雷福康妻曹氏
雷福祿妻王氏
雷自省妻范氏
雷自震妻李氏
雷自文妻朱氏
崔巨興妻李氏

藺天保妻楊氏
朱永祿妻李氏
錢學邦妻王氏
盧根印妻崔氏
石永泰妻潘氏
王喜兒妻屈氏
錢萬安妻曹氏
尚廷階妻拜氏
王英貴妻雷氏
王重學妻劉氏
石　興妻李氏
盧旺兒妻李氏
盧會珠妻劉氏
盧秀德妻李氏
錢永茂妻李氏
李思會妻王氏

崔九思妻李氏
石振學妻拜氏
盧志善妻薛氏
陳永成妻謝氏
石振山妻李氏
王根喜妻李氏
錢寶塘妻王氏
錢夢賢妻王氏
王丁郎妻魚氏
王重和妻安氏
石全記妻張氏
盧永平妻李氏
盧熬煎妻拜氏
盧志純妻王氏
錢思娃妻拜氏
李三成妻呂氏

朱永福妻高氏
錢思賢妻藺氏
盧明堂妻謝氏
陳發銀妻盧氏
石振川妻高氏
王四喜妻張氏
尚　純妻高氏
錢騾子妻拜氏
王秉仁妻拜氏
王廷國妻錢氏
盧包兒妻高氏
盧士兒妻魏氏
盧志浩妻謝氏
錢永和妻張氏
藺喜龍妻李氏
謝天道妻帖氏

謝君才妻范氏
謝天廣妻李氏
張心澹妻楊氏
荊學寶妻陳氏
王壺兒妻高氏
石　學妻李氏
石振瑤妻高氏
盧會學妻雷氏
錢思桂妻石氏
石永輝妻張氏
朱永壽妻拜氏
雷汝和妻李氏
錢龍邦妻張氏
雷振甲妻拜氏
王創興妻陳氏
雷福遠女梅英

謝君恩妻王氏
張彰兒妻王氏
賈祥兒妻石氏
荊大有妻石氏
王福來妻齊氏
石核樓妻穆氏
石永德妻許氏
盧志旺妻段氏
雷振江妻拜氏
石丁酉妻盧氏
崔喬才妻孫氏
雷榜兒妻李氏
張克興妻盧氏
李養德妻王氏
石金成妻李氏
雷福祥女銀蓮

王正新妻強氏
張廷貴妻李氏
崔九興妻齊氏
荊新成妻劉氏
王春成妻李氏
石清兒妻張氏
盧興魁妻謝氏
李彥清妻呂氏
尚興和妻高氏
魏玉兒妻雷氏
崔喬英妻孫氏
錢貴邦妻拜氏
李向才妻朱氏
張房兒妻李氏
雷化廣妻拜氏
雷福安女金花

雷福安女月蘭
雷福祿女採英
雷福凝女金巧
盧志清女官兒
雷福安女青蘭
雷福祿女蘭巧
雷福康女月巧
雷福祿女蓮巧
雷福祿女銀巧
盧志浩女東兒

興平村

拜根房妻胡氏
拜濟邦妻王氏
拜長河妻帖氏
拜遇豐妻杜氏
拜吉慶妻劉氏
拜成英妻劉氏
拜水兒妻雷氏
拜世魁妻盧氏
拜世花妻潘氏
拜庚寬妻王氏
拜根來妻王氏
拜銀子妻江氏
拜保兒妻盧氏
拜進前妻帖氏
拜雪猴妻魏氏
拜成祿妻党氏
拜遇田妻彭氏
拜昌邦妻李氏
拜貞邦妻張氏
拜朝玉妻李氏
拜雙喜妻劉氏
拜得財妻王氏
拜元兒妻帖氏
拜成興妻李氏
拜六元妻藺氏
拜來奇妻成氏
拜老根妻雷氏
拜赫茲妻田氏
拜秉燭妻李氏
王自武妻郗氏

王羅子妻張氏
拜成仁妻李氏
潘有子妻李氏
魚俊士妻李氏
拜根來女繡兒

拜成漢妻白氏
拜復孝妻帖氏
魚得財妻李氏
王羅紫女銀兒
拜水兒女鳳和

拜羣兒妻李氏
拜根堂妻馬氏
李記冉妻魚氏
拜根房女和兒

溢渡村

白耀離妻李氏
拜志經妻謝氏
魚得懷妻安氏
吳君旺妻李氏
白懷清妻李氏
潘殿賢妻李氏
潘廣德妻張氏
吳君法妻安氏
白懷清女玉英

趙壽兒妻王氏
拜志純妻張氏
魚海兒妻李氏
魚德隆妻王氏
潘崇玉妻馬氏
潘官兒妻李氏
王殿中妻汪氏
李思德妻李氏
白映斗女鳳英

拜志善妻劉氏
拜金階妻尚氏
吳金福妻安氏
魚江子妻李氏
潘增長妻劉氏
潘進元妻王氏
王盛德妻潘氏
李計再妻魚氏

洪善村

田萬榮妻樊氏　李文呈妻劉氏　馬學魁妻李氏
潘維烈妻田氏　馬　仁妻劉氏　馬　義妻趙氏
魚夢申妻王氏　田　財妻胡氏　田苗成妻牛氏
馬俊計妻張氏　馬積銀妻麻氏　潘維翰妻馬氏
田來成妻劉氏　馬俊來妻劉氏　馬積寶妻張氏
馬懷展妻李氏　馬宗華妻李氏　馬功業妻雷氏
李中得妻吳氏　馬興邦妻白氏　馬學平妻吳氏
王相祿妻潘氏　王相仁妻安氏　王道子妻趙氏
王順子妻魚氏　田廷瑞妻安氏　馬學寅妻樊氏
李文建妻魚氏　田良子妻安氏　安三成妻李氏
潘維烈女菊英　馬俊計女花蓮

蘇村

樊記昌妻劉氏　樊計進妻劉氏　樊五元妻魚氏

樊年兒妻王氏
劉仙桂妻魚氏
劉世官妻王氏
趙金彪妻周氏
趙雙存妻安氏
趙世彥妻魚氏
安逢漢妻趙氏
曹得元妻劉氏
安茂偉妻王氏
安進賢妻王氏
安道兒妻馬氏
安跟子妻白氏
安復興妻樊氏
安太娃妻魚氏
王德年妻周氏
王火兒妻劉氏

樊天賜妻董氏
劉世有妻李氏
劉遇英妻安氏
趙運亨妻安化
趙自詢妻魚氏
安全進妻王氏
牛維梗妻李氏
曹得恆妻樊氏
安茂績妻李氏
安合兒妻張氏
安元娃妻張氏
樊富金妻魚氏
安進玉妻王氏
王福掌妻樊氏
王天明妻樊氏
王福功妻馬氏

趙天來妻劉氏
劉番兒妻亢氏
劉漢娃妻田氏
趙雨來妻曹氏
趙合寶妻樊氏
安逢清妻曹氏
牛步清妻劉氏
安守通妻趙氏
安車娃妻潘氏
安得寶妻馬氏
安得寶妻馬氏
樊富會妻曹氏
安玉龍妻王氏
王福掌妻劉氏
王五寶妻曹氏
王慶娃妻樊氏

趙自祿妻李氏
趙運記妻王氏
安逢年妻李氏
劉清芳妻辛氏
安三成妻馬氏
潘　珣妻周氏
潘問成妻李氏
潘五福妻魚氏
潘　芝妻王氏
潘繼成妻劉氏
趙運和妻馬氏
劉黑娃妻潘氏
劉清蓮妻李氏
劉清凝妻馬氏
樊茂春妻潘氏
楊春太妻馬氏

趙東來妻李氏
潘茂筠妻張氏
曹進武妻高氏
劉清順妻李氏
樊金桂妻曹氏
潘建仁妻周氏
潘思仁妻樊氏
潘五魁妻趙氏
潘茂泉妻王氏
潘桂娃妻劉氏
劉漢宋妻馬氏
趙師道妻李氏
劉清泉妻魚氏
劉記娃妻李氏
樊良積妻李氏
劉庄娃妻趙氏

趙運祿妻劉氏
安逢泰妻劉氏
曹得金妻牛氏
安映德妻魚氏
樊記仁妻安氏
潘甲娃妻劉氏
潘思孝妻樊氏
潘朝興妻李氏
潘茂績妻李氏
潘雙娃妻田氏
趙豐合妻李氏
劉世金妻王氏
劉佐清妻趙氏
劉漢注妻安氏
樊良興妻潘氏
趙廷太妻白氏

趙金浪妻安氏　牛振江妻張氏　牛瑞麟妻樊氏[125]
牛蘆子妻李氏　牛山兒妻趙氏　牛維桐妻李氏
劉遇春妻王氏　劉廷玉妻白氏　劉　錫妻胡氏
劉秉乾妻魚氏　牛思祿妻潘氏　樊學興妻張氏
安玉鳳妻田氏　安興湖妻曹氏　安盛蒼妻樊氏
樊順娃妻李氏　王福合妻馬氏　王文信妻馬氏
王自清妻安氏　樊學金妻劉氏　劉龍子妻張氏
趙金元妻王氏　趙運智妻田氏　劉漢英妻張氏
劉興昌妻王氏　劉漢泳妻馬氏　周生荀妻王氏
樊麥長妻劉氏　樊　信妻李氏　樊鵬集妻曹氏
樊應龍妻李氏　樊桂紳妻屈氏　樊應魁妻李氏
樊六堂妻田氏　劉漢治妻安氏　趙運升妻曹氏
趙永興妻王氏　趙虎兒妻李氏　安興桂妻何氏
潘茂成妻劉氏　潘茂興妻魚氏　潘自成妻藺氏

125 牛樊氏，負先祖影像，臨難撲崖自盡。

潘問喜妻王氏
安運旺妻魚氏
安問兒妻王氏
安合興妻魚氏
安茂隆妻曹氏
安隆娃妻牛氏
安福順妻劉氏
樊副魁妻劉氏
安盛奇妻井氏
劉記萬妻張氏
安三元妻張氏
安茂桂妻劉氏
王福堂妻任氏
樊慶雲妻吳氏
潘金儒妻馬氏
安君芳妻馬氏

安茂經妻潘氏
安玉中妻趙氏
安運太妻曹氏
劉佳興妻安氏
安時金妻魚氏
安興良妻王氏
安盛清妻張氏
安得義妻李氏
安興隆妻劉氏
安黃耇妻張氏
安進銀妻周氏
安官成妻魚氏
王合年妻朱氏
趙金範妻劉氏
潘　貞妻張氏
王天才妻孫氏

曹得法妻安氏
安科兒妻李氏
安時溫妻李氏
鍾六娃妻潘氏
安茂德妻馬氏
安興訓妻劉氏
安中兒妻馬氏
安清策妻潘氏
安得懷妻趙氏
安潤屋妻樊氏
安運來妻曹氏
王朱兒妻朱氏
劉尚清妻曹氏
劉漢魁妻王氏
潘茂玉妻張氏
王大位妻辛氏

王滋顯妻安氏
安耳物妻魚氏
王　臣妻孫氏
安茂相妻馬氏
安三娃妻曹氏
安君海妻曹氏
安守江妻王氏
王大典妻趙氏
王木來妻牛氏

王興文妻田氏
安得雲妻李氏
安喜子妻田氏
安守魁妻趙氏
王葩來妻魚氏
安官成妻趙氏
王一恭妻劉氏
王卜年妻秦氏
安成兒女鴛鴦

安煥魁妻魚氏
王興隆妻魚氏
安君明妻田氏
安進修妻馬氏
樊金元妻白氏
安同子妻田氏
王福元妻盧氏
王梓桐妻范氏
安逢泰女鄧鄧[126]

胡村

馬恆謙妻牛氏
馬兔娃妻安氏
孫振秋妻馬氏

張振基妻安氏
馬景魁妻王氏
馬自順妻牛氏

雷彩申妻劉氏
張繼傑妻樊氏
張致和妻同氏

126 鄧鄧，臨難投渭水，賊出諸水，女自爪其面，大罵被賊支解。

樊武子妻劉氏
馬永林妻劉氏
馬廷隆妻劉氏
馬秉林妻牛氏
張振剛妻潘氏
張應隆妻李氏
馬維平妻李氏
王金發妻安氏
孫廷印妻王氏
馬自義妻劉氏
馬甲寅妻安氏
馬丕成妻安氏
孫士相妻劉氏
馬志仁妻李氏
馬鳴興妻史氏
馬應珍妻張氏

馬丕元妻趙氏
潘晉福妻馬氏
馬明順妻李氏
馬如銀妻魚氏
張益林妻李氏
馬元義妻安氏
周兆魁妻曹氏
孫見立妻潘氏
馬士華妻劉氏
馬堂娃妻安氏
張祿林妻馬氏
馬自福妻趙氏
馬士藻妻安氏
馬維元妻藺氏
馬進福妻潘氏
孫成立妻車氏

馬丕生妻曹氏
潘晉祿妻牛氏
張智豐妻秦氏
張漢沖妻樊氏
張長春妻劉氏
馬自新妻李氏
周金雷妻趙氏
孫建珍妻張氏
馬鳴蕭妻安氏
馬　純妻魚氏
馬應新妻樊氏
孫家梓妻于氏
馬元格妻王氏
馬應麟妻趙氏
張登第妻朱氏
孫順立妻車氏

孫創立妻史氏
孫　珍妻趙氏
馬德義妻王氏
張秀蘭妻安氏
王太林妻汪氏
馬自警妻趙氏
馬開祥妻王氏
張振甲妻馬氏
馬士興妻安氏
王金發女仙花
王伯榮女麥麥

孫科給妻焦氏
劉中貴妻柳氏
王世耀妻馬氏
馬永萬妻趙氏
馬朱成妻樊氏
張漢傑妻白氏
馬自忠妻趙氏
馬跟子妻劉氏
馬士茂妻牛氏
張致和女冬冬

孫秀之妻趙氏
張祥龍妻樊氏
王春發妻趙氏
樊壽娃妻馬氏
張秀全妻王氏
張有成妻王氏
馬育恩妻趙氏
張振起妻劉氏
周兆魁女鳳秀
張致和女臘臘

北莊村

周士漢妻張氏
馬永康妻王氏
馬　鐸妻張氏

馬俊福妻麻氏
馬俊馳妻趙氏
馬禮乾妻張氏

馬萬新妻何氏
周廷相妻藺氏
馬步鼇妻雷氏

馬文科妻麻氏
馬羽乾妻張氏
馬俊乾妻張氏
馬永蘇妻牛氏
周元豐妻趙氏
蘭鳴鸞妻高氏
蘭成福妻馬氏
蘭玉純妻劉氏
蘭自黃妻惠氏
蘭重陽妻馬氏
蘭積玉女羣女

蘭恩年妻張氏
蘭懷銀妻焦氏
蘭成福妻馬氏
周廷才妻趙氏
馬志仁妻蘭氏
蘭成銀妻王氏
李生庫妻趙氏
蘭成熬妻林氏
蘭自玉妻魚氏
潘繼壽女梅女

馬奠平妻楊氏
馬志剛妻劉氏
李　榮妻白氏
蘭東冬妻何氏
楊成朗妻樊氏
蘭成金妻周氏
蘭玉海妻趙氏
蘭廷芳妻賈氏
蘭學林妻秦氏
潘繼壽女靈芝

大村

宋崇成妻蘭氏
宋作明妻蘭氏
宋程儒妻趙氏

宋崇琛妻潘氏
宋必旺妻朱氏
宋兆元妻周氏

朱宏謀妻魏氏
宋國正妻安氏
宋必蘭妻潘氏
宋兆慶妻董氏

宋全祿妻趙氏
宋天佑妻何氏
張懷萬妻章氏
張汝陽妻馬氏
謝復銀妻馬氏
李時俊妻倪氏
嚴士誠妻鄭氏
李遐齡妻王氏
李集霞妻藺氏
朱錫熙妻李氏
張中信妻嚴氏
侯廷榮妻郭氏
李集玉妻何氏
趙珮琇妻張氏
朱登霄妾何氏
趙德玉妻馬氏

宋永義妻楊氏
張伯玉妻宋氏
楊一元妻趙氏
何復金妻馬氏
李復沛妻潘氏
李增輝妻王氏
李子誠妻何氏
李思恭妻楊氏
李復章妻馬氏
朱宏謀妻魏氏
張居禮妻王氏
張作義妻藺氏
何懷德妻苟氏
趙正岐妻朱氏
趙正興妻王氏
藺維蘭妻朱氏

宋奠邦妻潘氏
楊一蘭妻王氏
楊作楷妻張氏
張恆發妻章氏
李紹謀妻趙氏
李增先妻劉氏
李新典妻趙氏
李集先妻朱氏
潘際朝妻張氏
張云吉妻魏氏
趙全升妻藺氏
張井新妻田氏
侯廷華妻馬氏
朱登霄妻周氏
趙振福妻潘氏
齊向榮妻李氏

趙建科妻李氏
李復奎妻倪氏
藺豐年妻甯氏
何湖玉妻潘氏
藺寶益妻李氏
張紹新妻馬氏
藺寶玉妻馬氏
董錫昌妻何氏
何　朋妻周氏
楊名江妻趙氏
趙佩奠妻潘氏
朱佩連妻張氏
何加義妻藺氏
潘興翰妻蘇氏
潘中馨妻杜氏
潘永萬妻馬氏

李子賢妻趙氏
李復元妻陳氏
何國純妻馬氏
趙成興妻李氏
王金發妻安氏
何國義妻周氏
張繼顯妻馬氏
何成玉妻馬氏
何　林妻馬氏
趙思道妻劉氏
趙興資妻馬氏
朱登瀛妻馬氏
潘居寬妻李氏
潘玉衡妻張氏
趙思有妻樊氏
潘興玉妻趙氏

李復訢妻趙氏
何維屏妻趙氏
何清玉妻藺氏
何純玉妻李氏
張銘新妻周氏
何春來妻趙氏
張中法妻魏氏
何佩玉妻宋氏
楊名海妻喬氏
趙佩璽妻李氏
趙興資妾劉氏
何兆明妻王氏
潘繼勳妻楊氏
鄭作霖妻藺氏
趙思永妻魏氏
溫起學妻趙氏

胡　升妻陳氏
潘玉璨妻陳氏
李復勤妻趙氏
趙佩蘭妻李氏
齊建創妻趙氏[127]
潘起鳳妻李氏
潘文第妻宋氏
潘永璋妻羅氏
朱登崑妻魏氏
潘佩教妻王氏
趙天爵妻潘氏
馬學經妻薛氏
劉士文妻薛氏[128]

潘居順妻張氏
李復清妻樊氏
李新籍妻宋氏
趙履謙妻馬氏
潘文翰妻朱氏
潘佩珩妻周氏
潘永愈妻李氏
潘建元妻馬氏
朱慶奎妻宋氏
趙正泰妻張氏
趙第魁妻潘氏
李崇興妻鄖氏
何　德妻潘氏

潘維耀妻馬氏
李增壽妻趙氏
趙思誠妻雷氏
潘文甲妻王氏
潘維元妻宋氏
潘佩惠妻李氏
潘居易妻郝氏
潘芝林妻王氏
朱紫景妻趙氏
趙天申妻謝氏
趙思謙妻馬氏
李　豫妻趙氏
趙思齊妻何氏

---

127 齊趙氏，素賢孝，聞警，負姑逃。行近渭水，賊追及，欲擄去，氏曰：「置姑於水，從始甘心。」賊信之，至渭水上，泣拜其姑，起即投河死。

128 劉薛氏，守節三十餘年，以孝聞。時因護母被執，不屈受害。

劉思榮妻馬氏
趙俊魁妻盧氏
王萬鎰妻謝氏
趙秉達妻馬氏
趙興智妻劉氏
李集寬妻潘氏
李復第妻何氏
謝　彩妻李氏
李崇懷妻馮氏
李步青妻張氏
張　賢妻馬氏
何景才妻王氏
張作桂妻李氏
鄭　塤妻宋氏
李復林妻何氏

趙天慶妻安氏
趙佩賢妻馬氏
王萬鎰妾李氏
趙正漓妻潘氏
趙廷魁妻雷氏
李天貴妻鄭氏
李復孝妻馬氏
李復強妻何氏
李時傑妻魏氏
李集有妻魏氏
朱三陽妻宋氏
甯新貴妻張氏
李生碧妻宋氏
鄭啟運妻蔣氏
朱錫熙妻李氏

趙天喜妻魏氏
趙振華妻周氏
趙正莪妻李氏
趙重繼妻朱氏
李集芬妻潘氏
李集秀妻王氏
李復忠妻何氏
李　金妻趙氏
宋武林妻張氏
謝春榮妻馬氏
何維藩妻盧氏
張書牗妻周氏
李集魁妻周氏
李秉懷妻趙氏
潘文甲妾雷氏

李步青女泮文　趙守義女儉儉　何懷刑女春娥
李步青女春娥　何懷有女春香　趙思誠女桐花

小寨村

張居壽妻鄭氏　任謀兒妻尚氏

堰城村

李漢技妻馮氏　董品三妻李氏　李成春妻張氏
李元海妻張氏

長城村

陳治心妻孫氏　李增裕妻呂氏　李　興妻傅氏
李正申妻尚氏　李正志妻張氏　李星輝妻張氏
李長鼎妻張氏　李新茂妻康氏　李旺兒妻賈氏
李福臨妻王氏　李安汝妻張氏　李鳳傑妻胡氏
李九成妻蘭氏　李九恆妻文氏　李九皐妻趙氏
陳景純妻曹氏　李咸春妻張氏　李宿周妻雷氏

李揖升妻呂氏　李如祥妻文氏　李正喜妻劉氏
李　俊妻石氏　李伯章妻蘭氏　李清泰妻黃氏
王　福妻張氏　李　寅妻劉氏　張　甑妻陳氏
李樹滋妻呂氏　李茂升妻潘氏　李凌霄妻郗氏
李廷懷妻薛氏　李廷壽妻尚氏　李廷儀妻鄭氏
党德秀妻張氏　李新成妻胡氏　李順成妻尚氏
李振江妻王氏　李元成妻党氏　陳赫兒妻段氏
陳常兒妻文氏　謝步雲妻楊氏　李廷燎妻雷氏
謝步太妻杜氏　李廷輝妻王氏　陳福年妻孫氏
陳六成妻文氏

三中村

馬　德妻党氏　馬　慤妻劉氏　馬萬斌妻王氏
楊汝為妻劉氏[129]　楊長喜妻曹氏　楊恆興妻董氏

129 按：原本脫「妻」字。

豐家村

苗雲忠妻王氏　路三星妻李氏

黃家莊

党流兒妻張氏　崔雙喜妻馬氏　張王氏
党維清妻張氏　王景春妻汪氏　王永正妻李氏
王長齡妻汪氏　崔春慶妻李氏　王允來妻張氏
王三元妻汪氏　雷忠智妻王氏　崔崇瑞妻路氏
張正順妻馮氏　馬鳳元妻路氏　崔振川妻張氏
呂慎常妻張氏　呂芝法妻劉氏　呂廷福妻楊氏
呂學仁妻雷氏　王起萬妻李氏　楊潤成妻賀氏
齊義瑞妻王氏　馬振元妻王氏　馬步霄女耇兒[130]

---

130 耇兒，毀容罵賊，被執碎屍。

葉家寨

葉振全妻路氏

長家坡

張魁元妻章氏　長嘉林妻馬氏

許庄村

沈兆祥妻馮氏

周家營

周從慶妻趙氏　周明誠妻成氏　張積玉妻何氏

張葫蘆妻呂氏　周信元妻李氏　周義順妻楊氏

周芝仁妻劉氏[131]

[131] 周劉氏，聞夫周芝仁被害，因覓屍遇賊，欲擄之，氏大罵，賊怒，碎其身，火焚其屍。

雁喬村

張王芳妻韓氏　張　祿妻董氏　張步蛟妻章氏
張步龍妻游氏　張元芳妻章氏　劉　魁妻何氏
趙居榮妻張氏　張向福妻章氏　張成泗妻劉氏
王　平妻雷氏　張起梁妻王氏　趙萬三妻王氏
張向福女張鳳芝

周家寨

周元霄妻王氏　楊景州妻柳氏　楊福進妻張氏
周流風妻王氏　周勤宵妻高氏　周全福妻成氏
王　友妻成氏　楊順昌妻趙氏　董興時妻路氏
楊景州女金花

仁莊

張大材妻陳氏　張　凝妻王氏　張慶餘妻柳氏
張第兒妻章氏　張新吉妻王氏

胥家寨

張萬載妻王氏　雷興盛妻范氏　雷思義妻邱氏

胥　滿妻趙氏　雷興和妻范氏

新興寨

劉振興妻張氏　王武德妻葛氏　王振聲妻李氏

楊家庄

王根燕妻張氏　王萬順妻路氏　王萬成妻雷氏

新庄寨

徐羅子妻李氏　王福盈妻鄭氏　王治和妻張氏

王　藩妻馮氏　王來朝妻路氏　徐二林妻路氏

王　選路路氏　王成漣妻張氏　徐福玉妻韓氏

林君武妻張氏　王萬財妻楊氏　王報兒妻路氏

徐福來妻董氏　陵　愷妻馬氏　王　照妻路氏
陵春成妻董氏　徐根慶妻雷氏　徐福來妻董氏
陵　學妻張氏

漢村

張庚喜妻崔氏　姚　芳妻党氏　王佳才妻汪氏
白發青妻雷氏　趙好仁妻王氏　張登兒妻魏氏
趙一柱妻王氏　胡考績妻武氏　梁鎖兒妻馬氏
姚午清妻胡氏　姚　所妻武氏　胡萬清妻王氏
張　登妻魏氏　姚吉祥妻武氏　張遇成妻王氏
胡鍾秀妻劉氏　姚　統妻王氏　姚永清妻馬氏
胡考績女月英

義井村

王進兒妻楊氏　王　裕妻葆氏　王正平妻姚氏

白馬村

楊振江妻李氏　劉常海妻雷氏　藍克周妻陵氏
楊九壽妻姚氏　郭守身妻王氏

白猴屯

梁汝才妻張氏　紀文祥妻楊氏　紀文才妻韓氏
江長仁妻楊氏　任月長妻王氏　紀永知妻張氏
任宏忠妻張氏　紀有清妻杜氏　江明銀妻楊氏
舒積玉妻王氏　舒積金妻王氏　王世琇妻蘭氏
任紀茂妻杜氏　任月德妻趙氏　紀金成妻李氏
任月合妻張氏　任月平妻姚氏

馮村

董崇祿妻王氏　董新來妻党氏　董增福妻党氏
喬福堂妻雷氏　董福那妻党氏　董周書妻徐氏
董含芳妻劉氏　董杏林妻王氏　董兆元妻趙氏

董兆魁妻王氏
董來賓妻田氏
董純福妻李氏
李惠兒妻王氏
康福年妻董氏
薛綱子妻徐氏
董師正女宜秀

董元德妻王氏
董琢兒妻姚氏
董金喜妻徐氏
李名久妻安氏
康有年妻紀氏
康牛兒妻董氏
董文清女盼兮

董來星妻張氏
董　沅妻張氏
董純祿妻雷氏
党進梁妻趙氏
康泰來妻王氏
康慶元女妙仙

段家寨

潘鳴盛妻程氏
段光福妻王氏
許赫牛妻畦氏
王法祥妻劉氏
姬金兒妻劉氏
許　榮妻孫氏
劉何兒妻郭氏

潘新寬妻李氏
楊金鎖妻畦氏
楊進成妻畦氏
徐德祿妻王氏
雷大成妻王氏
段春桂妻韓氏
田兆祥妻何氏

郭雲章妻馬氏
王九州妻郭氏
張賜兒妻劉氏
王　清妻張氏
劉俊彥妻田氏
許步鼇妻翟氏
許三元妻亢氏

董秀德女妙仙　田兆瑞妹蘭香

瑤頭村

馬終訓妻奧氏　崔金元妻王氏　馬彭成妻崔氏

党客

馮丙奎妻楊氏　馮丙寅妻路氏　馮丙午妻姚氏

馮　京妻白氏　馮長華妻張氏

雷劉家

雷增慶妻張氏　劉玉貴妻張氏　雷振英妻畢氏

雷四全妻郭氏　雷秀信妻李氏　雷興智妻翟氏

坊舍鎮

韓月增妻雷氏　李澇兒妻謝氏　元思有妻馬氏

元興時妻常氏　韓慶和妻張氏　邢芳兒妻陳氏

邢才兒妻何氏　楊川成妻何氏　趙來凝妻姚氏
韓議兒妻奧氏　邢全子妻王氏　孫景奇妻雷氏
孫學第妻李氏　元新來妻韓氏　韓月增女采鳳

卿避村

何鳳賢妻邢氏　何連秀妻孫氏　何連振妻薛氏
雷方鎖妻党氏　元六子妻蒙氏　張成階妻蒙氏

似仙渠

雷永銀妻翟氏　張丕顯妻王氏

賈家莊

賈振和妻郭氏[132]　雷繼正妻來氏　雷繼蘭妻郭氏
張森永妻郭氏

132 雷郭氏，于歸十日即寡，守節養姑三十餘年。賊將至，運輒守堡以衛姑。堡破，姑傷，氏自刎未死，赴火，白氣沖天，賊遽驚走。見者皆謂節孝感神。

傅家莊

郭玉魁妻雷氏　郭自成妻張氏　郭志敬妻何氏
郭興正妻王氏　郭萬春妻張氏　郭世昌妻張氏
郭德齡妻雷氏　郭德惠妻王氏　郭德貴妻雷氏
郭萬春妻張氏　郭文翰妻雷氏　郭文昇妻蒙氏
郭文珠妻劉氏　郭文平妻王氏　郭天錫妻孫氏
李忠信妻鄒氏　郭德福妻王氏　郭德乾妻翟氏
郭文蔚妻王氏　張懷恭妻嚴氏　郭保陵妻雷氏
郭保定妻郝氏　郭漢麟妻王氏　郭仲道妻雷氏

高原村

王喜兒妻張氏　張森永妻郭氏

喬家灣

王文秀妻閻氏　郭榮一妻翟氏　王鳳舞妻郭氏

王鳳集妻郭氏　王江兒妻車氏　王秉花妻亢氏
王鳳西妻張氏　王克一妻亢氏　王克新妻王氏
王鳳誥妻張氏

平王寨

蘭雙喜妻喬氏　李桂春妻呂氏　韓占魁妻閻氏
李興文妻翟氏　劉雙元妻王氏　師自勤妻郭氏
郭重新妻張氏　韓亦惠妻薛氏　韓亦忠妻李氏
蘭芳子女多兒

党川村

王本華妻雷氏　王根慶妻汪氏　李得州妻董氏
李元清妻韓氏

李家原

李新莊妻董氏

傅家村

傅瑞林妻梁氏

鄧家莊

劉履德妻周氏

鄧家營

黄廷才妻馬氏　黄永盛妻李氏　趙廷秀妻雷氏
黄廷懷妻杜氏　龐起貴妻樊氏　龐福舉妻楊氏
龐增興妻馬氏

成家莊

康天瑗妻楊氏　雷貴禮妻楊氏　張正元妻王氏
康振法妻武氏　李元桂妻董氏　李　蓮妻吕氏
康大鵬妻高氏　李榮芝妻武氏　李永滋妻馬氏

李永長妻雷氏　李申兒妻雷氏　李永陞妻張氏
何宗仁妻黃氏　陳大才妻焦氏　焦起貞妻馬氏
焦正興妻王氏　王　林妻廖氏　吳大喜妻張氏
吳永朝妻姚氏　王桂元妻董氏　董大統妻郭氏
吳瑞兒妻朱氏　吳慶元妻趙氏　王令聞妻董氏
何天章妻趙氏　何際昌妻王氏　李榮芝女桂英
李永正女鳳英　李永思女翠仙

小坡底

董正運妻呂氏[133]　張祿元妻薛氏　董聚奎妻張氏
張秋元妻楊氏　董九兒妻武氏　董正魁妻東氏
羅元信妻王氏　董文秀妻王氏　董正祿妻李氏
董提子妻馮氏　董維喦妻黃氏　董喜慶妻武氏
董允義妻党氏　董祥兒妻楊氏　董　坤妻李氏

133 董呂氏，守節至六十歲，畢學使賜給「德齊貞玉」匾額。無子，痛嗣孫董嘉定受害，董氏絕後，忿激自盡。

董元頭妻尚氏　李赫諸妻王氏　董正論妻呂氏
辛　興妻董氏　張　銓妻雷氏　陳根定妻董氏
董安兒妻何氏

廝羅寨

成既保妻周氏

小壕村

楊炳奎妻申氏　楊桃玉妻田氏　陳邦丙妻王氏
陳大瑞妻李氏　南長鎖妻王氏

大壕村

武邦彩妻韓氏　武元林妻扈氏　武生乾妻傅氏
武致道妻李氏　武元佑妻楊氏　武義道妻李氏
秦繼曾女鳳姐　王點元女玉枝　王點元女蓮巧
邱天順女蕩雲　周慶豐女妙琴

大壕營

秦繼會妻王氏　秦駒兒妻王氏　王點元妻周氏
邱天順妻陳氏　周慶豐妻長氏　王九成妻薛氏
顧房成妻王氏　王生鰲妻薛氏　王先南妻趙氏
康三鎖妻薛氏　王　順妻唐氏　邱榜牢妻李氏
顧占吉妻唐氏　周和兒妻程氏　華梁倉妻周氏
華汝來妻闞氏　周慶瑞妻趙氏　秦緒增妻王氏
秦車兒妻王氏　康三益妻康氏　楊自清妻秦氏

西渠頭

楊秀春妻石氏　楊炳乾妻姚氏　楊榮春妻安氏
楊建春妻馬氏

坡底村

楊王存妻王氏　楊生耀妻姚氏　楊自治妻王氏

楊永順妻崔氏　楊紅興妻崔氏

謝家坡

張宗書妻王氏[134]　謝慶兒妻錢氏　劉竈保妻李氏

望仙里

王效禮妻翟氏　李景平妻張氏　王效智女翠枝

高長營

吳自烈妻袁氏

馬家營

呂廷楹妻楊氏

134 張王氏，痛夫死，忿激成疾。或迫之嫁，氏意最堅，絕粒數日，乘間自盡。

渭南縣

壽官鄭士俊妻李氏[135]　從九品銜鄭兆祥妻郝氏[136]

石犖者妻朱氏[137]　楊懷林妻馬氏　楊天純妻魏氏[138]

周舉民妻蔣氏　周世瑞妻劉氏[139]　周希信妻馬氏

朝邑縣

方嘉長妻李氏[140]

蒲城縣

秦　裁妻魏氏[141]

135 鄭李氏，時年六十五歲，罵賊殉難。
136 鄭郝氏，因護姑不逃，賊至，忿激自盡。
137 石朱氏，死龍池村。
138 楊馬氏、楊魏氏，俱死大村。
139 周蔣氏、周劉氏等，俱死荔邑地方。
140 方李氏，在劉官營母家，罵賊遇害。
141 秦魏氏，寄居大村，賊焚其室，負姑自火中出，賊追及，怒罵受害。

山西滎河縣

陳興盛 妻彭氏[142]

以上殉難婦女，先後恭奉恩旨，一體建坊立祠，勒名於石，以垂永久。

[142] 陳彭氏，被執不辱，死北王閣村。

史地傳記類　關隴計劃01　PC0716

曠典闡幽錄

原　　著／清・宋佑文
點　　校／胡　成
責任編輯／洪仕翰
圖文排版／周好靜
封面設計／蔡瑋筠

發 行 人／宋政坤
法律顧問／毛國樑　律師
出版發行／秀威資訊科技股份有限公司
114台北市內湖區瑞光路76巷65號1樓
電話：+886-2-2796-3638　傳真：+886-2-2796-1377
http://www.showwe.com.tw
劃撥帳號／19563868　戶名：秀威資訊科技股份有限公司
讀者服務信箱：service@showwe.com.tw
展售門市／國家書店（松江門市）
104台北市中山區松江路209號1樓
電話：+886-2-2518-0207　傳真：+886-2-2518-0778
網路訂購／秀威網路書店：https://store.showwe.tw
國家網路書店：https://www.govbooks.com.tw

2018年6月　BOD一版
定價：350元

國家圖書館出版品預行編目

曠典闡幽錄 / (清)宋佑文原著 ; 胡成點校. -- 一版. -- 臺北市 : 秀威資訊科技, 2018.06
面 ; 公分. -- (史地傳記類 ; PC0716)
BOD版
ISBN 978-986-326-555-9(平裝)

1.清史 2.人物志

627.76 107006642

讀者回函卡

感謝您購買本書，為提升服務品質，請填妥以下資料，將讀者回函卡直接寄回或傳真本公司，收到您的寶貴意見後，我們會收藏記錄及檢討，謝謝！

如您需要了解本公司最新出版書目、購書優惠或企劃活動，歡迎您上網查詢或下載相關資料：http:// www.showwe.com.tw

您購買的書名：＿＿＿＿＿＿＿＿＿＿＿＿＿＿＿＿＿＿

出生日期：＿＿＿＿年＿＿＿＿月＿＿＿＿日

學歷：□高中（含）以下　□大專　□研究所（含）以上

職業：□製造業　□金融業　□資訊業　□軍警　□傳播業　□自由業

□服務業　□公務員　□教職　□學生　□家管　□其它＿＿

購書地點：□網路書店　□實體書店　□書展　□郵購　□贈閱　□其他

您從何得知本書的消息？

□網路書店　□實體書店　□網路搜尋　□電子報　□書訊　□雜誌

□傳播媒體　□親友推薦　□網站推薦　□部落格　□其他＿＿＿＿

您對本書的評價：（請填代號　1.非常滿意　2.滿意　3.尚可　4.再改進）

封面設計＿＿　版面編排＿＿　內容＿＿　文／譯筆＿＿　價格＿＿

讀完書後您覺得：

□很有收穫　□有收穫　□收穫不多　□沒收穫

對我們的建議：＿＿＿＿＿＿＿＿＿＿＿＿＿＿＿＿＿＿

＿＿＿＿＿＿＿＿＿＿＿＿＿＿＿＿＿＿＿＿＿＿＿＿

＿＿＿＿＿＿＿＿＿＿＿＿＿＿＿＿＿＿＿＿＿＿＿＿

＿＿＿＿＿＿＿＿＿＿＿＿＿＿＿＿＿＿＿＿＿＿＿＿

請貼
郵票

11466
台北市內湖區瑞光路 76 巷 65 號 1 樓
秀威資訊科技股份有限公司 收
BOD 數位出版事業部

....

（請沿線對折寄回，謝謝！）

姓　　名：＿＿＿＿＿＿＿＿＿＿ 年齡：＿＿＿＿ 性別：□女　□男

郵遞區號：□□□□□

地　　址：＿＿＿＿＿＿＿＿＿＿＿＿＿＿＿＿＿＿＿＿

聯絡電話：(日) ＿＿＿＿＿＿＿＿＿＿ (夜) ＿＿＿＿＿＿＿＿＿＿

E-mail：＿＿＿＿＿＿＿＿＿＿＿＿＿＿＿＿＿＿＿＿